イラスト図解

絶対
トクする！

節税の全ワザ

元国税局・国税専門官
小林義崇

きずな出版

はじめに

　私は2017年に東京国税局の職員を辞め、フリーライターとして独立しました。国税職員として勤務した約13年間は、主に相続税の税務調査や、所得税や贈与税の確定申告対応を担当しました。職員の健康保険や厚生年金を扱う部署にいたこともあり、個人に関係する「お金の問題」はひととおり学びました。

　独立して以来、ありがたいことに、税金の情報を中心に記事執筆のご依頼を数多くいただいています。記事のテーマは、確定申告の手順や、節税方法、税務調査などさまざまです。税目も、所得税や住民税、相続税、贈与税、固定資産税など、多岐にわたります。

　毎日のように税金の記事を書き続けながら、ときどきふと思うのが、「世の中には膨大な税金の情報があるのに、なぜ『税金のことはよくわからない』という声は絶えないのだろう？」という素朴な疑問です。

　その疑問の答えを、私なりに考えてみると、このようなことが思い浮かびます。

● 情報が多すぎて、自分に関係のある情報を見つけられない
● 専門用語が使われているので、リアルにイメージできない
● 税金のルール改正の情報を追いきれない

日本では、会社員なら税金のことを知らなくてもあまり問題になりません。しかし、税金のことを知らないままでいると起きるのが、**「自覚なく損をしてしまう」**という問題です。いまはNISAやiDeCoのように、会社員でも任意で使える節税方法がありますから、知識の違いによって税金に差が出るのです。また、働き方改革の流れで副業を解禁する企業が増えていますが、副業収入は正しく確定申告をしないと、ペナルティがついたり、税務調査の対象になります。

　納税額は、多すぎても、少なすぎても、問題です。一人ひとりにとって"適切な"税金を納めるには、税金の知識をつけることが不可欠です。

　日本では税金について体系的に学べる機会はありません。私自身、国税職員として研修を受けるまでは、税金のルールをまるで理解しておらず、「どうして通知された初任給よりも振込額が少ないのだろう？」と疑問に感じていたくらいです。

　人生において税金は常についてまわる問題ですから、最低限の知識は誰もが身につけておいたほうがいいと思います。こうした思いから、私は今回の執筆にあたって、「体系的に税金について理解できる本」を書こうと考えました。**「税金の全体像」をつかめる本です。**

　なお、本書で紹介している各種制度の条件等は2021年9月時点の情報をもとにしていますが、こまかい情報や例外的なケースは割愛し、専門用語の使用はできるだけ避けています。よりくわしい情報は最新の法令を確認していただければ幸いです。

小林義崇

年収400万円の会社員の場合……
年間 25万円超 の節税効果！

		所得税 節税前	所得税 節税後	住民税 節税前	住民税 節税後	条件
収入	給与収入	4,000,000	4,000,000	4,000,000	4,000,000	給料25万円×12、賞与50万円×2
所得	給与所得	2,760,000	2,760,000	2,760,000	2,760,000	
所得控除	社会保険料控除	388,972	388,972	388,972	388,972	22ページ参照
	iDeCo（小規模企業共済等掛金控除）	0	276,000	0	276,000	月2.3万円拠出 137ページ参照
	生命保険料控除	0	120,000	0	70,000	上限いっぱいまで利用 30ページ参照
	医療費控除	0	100,000	0	100,000	年間の医療費20万円として 40ページ参照
	基礎控除	480,000	480,000	430,000	430,000	30ページ参照
	課税所得	1,891,028	1,395,028	1,941,028	1,495,028	
課税所得		1,891,000	1,395,000	1,941,000	1,495,000	
税額		94,550	69,750			税率5%
税額控除	住宅ローン控除（一般）	0	400,000			上限いっぱいまで利用 48ページ参照
所得税		94,550	0			
復興特別所得税		1,986	0			所得税の2.1%
所得税合計		96,536	0			
住民税所得割				194,100	149,500	税率10%
住民税均等割				5,000	5,000	一律5000円
寄附金控除（ふるさと納税）				0	40,000	42000円寄附したとして 46ページ参照
住宅ローン控除				0	69,750	48ページ参照
住民税合計				199,100	44,750	

（円）

納税額	節税前	節税後	節税効果
合計	295,636円	44,750円	**250,886円**

はじめに……………………………………………………………… 2

第1章 だれでも使える節税の超基本

- じつは国も「節税」を推奨している ……………………………… 14
- 「節税」と「脱税」の違いとは？ ………………………………… 16
- 「節税できる税金」と「節税できない税金」の違い …………… 17
- 所得控除と税額控除の違い ………………………………………… 18
- ほぼだれもが使える基礎控除を理解しよう ……………………… 20
- 社会保険料控除は家族の保険料も申請しよう …………………… 22
- 配偶者の年間所得が103万円を超えると配偶者控除がなくなる … 24
- 配偶者特別控除は年収150万円から減り始める ………………… 25
- 16歳未満の子どもは扶養控除の対象外 …………………………… 28
- 生命保険料控除は契約を確認する ………………………………… 30
- 地震保険料控除は5万円が上限 …………………………………… 34

5

- ●振り込め詐欺にあっても雑損控除の対象にならない！ ……… 36
- ●医療費控除になるもの、ならないもの ……… 38
- ●ドラッグストアで買う風邪薬で節税できる……… 40
- ●ひとり親の人はかならず控除を申請する ……… 42
- ●小規模企業共済等掛金控除で、
  節税しながら老後資金を貯める ……… 44
- ●ふるさと納税はやっぱりやるべき！ ……… 46
- ●マイホームを買うと住宅ローン控除で節税できる ……… 48
- ●夫婦共働きならローンを夫婦で分けて節税効果アップ ……… 50
- ●住宅ローン控除は確定申告が必須 ……… 51
- ●自宅をリフォームした場合も節税ができる ……… 52

第2章 会社員のための 節税ワザ

- ●働く人にとってもっとも重要な所得税 ……… 54
- ●源泉徴収とはなにか？ ……… 56
- ●年末調整はなにをしているのか？ ……… 58
- ●会社員は、じつは所得税でけっこうトクしている ……… 60
- ●仕事の出費がかさんだら特定支出控除を申請する ……… 62
- ●会社員でも確定申告をしたほうがいいケース ……… 63

- ●会社員でも確定申告しないといけないケース ……………… 64
- ●還付金がもらえるか確認してみよう ……………………… 66
- ●住民税はどうやって計算される？ ………………………… 68
- ●住民税が天引きされるのは、入社2年目から ……………… 70
- ●退職するなら住民税に要注意！ …………………………… 72
- ●退職金にもしっかり税金がかかります …………………… 74
- ●退職金は一括で受け取るのが賢い！ ……………………… 76
- ●4 ～ 6月は残業すると損をする？ ………………………… 78
- ●雇用保険料は毎月変更される ……………………………… 80

第3章 「ビジネスや副業で稼ぐ」ときの節税ワザ

- ●副業で稼ぐと「事業所得」か「雑所得」になる ……………… 82
- ●副業を「事業所得」にできれば本業の節税が可能！ ……… 84
- ●事業所得にはデメリットもある …………………………… 86
- ●「収入」と「所得」はなにが違うのか？ …………………… 88
- ●副業で経費にできるもの、できないもの ………………… 90
- ●自宅で副業をしている場合、家賃を経費にできる？ ……… 92
- ●マイホームで副業をしている場合、経費計上は慎重に …… 94
- ●会社にバレずに副業する方法 ……………………………… 96

- 白色申告と青色申告の違い ································· 98
- 青色申告で所得が毎年65万円減らせる
  （青色申告のメリット１） ································· 100
- 家族に払った給料を全額必要経費にできる
  （青色申告のメリット２） ································· 102
- 赤字をほかの年の利益と相殺できる
  （青色申告のメリット３） ································· 104
- 副業などを「法人化」するベストタイミングとは？ ·········· 106
- 個人が納税するときの４つの方法 ················· 108
- 正しく申告しないと発生しうる３つのペナルティ ·········· 110
- 納税が遅れると「延滞税」が発生する！ ·············· 112
- 「税務調査」はこんなときにやってくる！ ·············· 114
- 税務調査が来たときに絶対やってはいけないこと ·········· 116

第4章 「資産運用で稼ぐ」ときの節税ワザ

- 株式投資で儲けたら利益の20％は税金として払う ·········· 120
- 億万長者が投資をするのは理由がある ·············· 122
- 株式投資の税金処理は証券会社任せでOK ·············· 124
- 配当所得を確定申告すると節税できることもある ·········· 126
- 配当金を確定申告するときは「住民税」に要注意 ·········· 128

- ●株で大損したら、確定申告したほうがトク ………………… 129
- ●株の儲けはNISAで非課税に ……………………………… 132
- ●初心者がコツコツ投資するなら「つみたてNISA」 ………… 134
- ●NISAにはデメリットもある ………………………………… 136
- ●iDeCoはNISA以上の節税効果 …………………………… 137
- ●金・銀・プラチナの儲けは「年間50万円」がボーダー …… 140
- ●暗号通貨の儲けは、税金的にはいちばん不利 …………… 142
- ●FXで儲けたときの税金は、株式とほぼ同じ ……………… 144
- ●宝くじや競馬に当たったら税金を取られる？ ……………… 146

第5章 マイホームや車にまつわる節税ワザ

- ●マイホームを買うとかかる不動産取得税の計算方法は？ 150
- ●登録免許税は売買と贈与でこんなに違う ………………… 152
- ●持ち家にかかる固定資産税は見直し時期に注意 ………… 154
- ●家を売るときには譲渡所得で税の支払いが発生する ……… 156
- ●家を売るときは減価償却で
  価値を計算しなければいけない ……………………………… 158
- ●自宅の売るときは「3000万円控除」で無税にできる！ …… 160
- ●自宅の売却損は確定申告すれば節税できる ……………… 162

- ●会社員でもたまーに使う印紙税のこと ……………… 164
- ●収入印紙の貼り方と割り印の押し方 ……………… 166
- ●フリマサイトで不用品を売っても税金はゼロ！ ……… 168
- ●転売で得た利益にはしっかり税が課せられます ……… 170
- ●入院して受け取った保険金は非課税 ……………… 172
- ●「保険料をだれが払ったか」がすごく重要 ……………… 174
- ●自動車税を考えるなら、車の購入は4月2日に ……… 177
- ●自動車重量税の支払いは13年目、18年目で変わる！ …… 179
- ●温泉に入る人には入湯税がかかります ……………… 180
- ●海外旅行に行くとかかる国際観光旅客税 …………… 182
- ●地方自治体が独自に導入している法定外税 ………… 183

第6章 家族間でお金を渡す「贈与」の節税ワザ

- ●「年間110万円」以下なら贈与税はかからない！ ………… 186
- ●相続時精算課税は非課税枠の使い切りに注意 …………… 188
- ●贈与税の申告は必ず翌年2月1日〜3月15日に！ ………… 190
- ●土地や建物を贈与するなら「評価額」に要注意 ………… 192
- ●農村など倍率地域の土地の評価方法は？ ……………… 194
- ●結婚して20年以上たっていれば使えるおしどり贈与 …… 196

- マイホーム購入資金の援助も非課税に ……………………… 198
- 贈与資金を住宅ローンの返済にあててはダメ！ ……………… 202
- 夫婦で不動産を持つときに注意すべき持分割合 ……………… 204
- 生活費や教育費が原則非課税になる教育資金特例 ………… 206
- 「結婚・子育て特例」で資金の援助が非課税に？ ……………… 208
- 「贈与」なのか「貸し借り」なのかを明確に ……………………… 210

第7章 トラブルにならない 「相続」の節税ワザ

- 法改正でだれでも必要になった相続税の知識 ………………… 212
- 相続税で気をつけたい「名義預金」の扱い …………………… 214
- 不動産を購入すると相続税が減る理由 ………………………… 216
- なぜタワマンを買うと節税になるのか? ……………………… 218
- 相続で土地を分割するときに起きる問題とは ………………… 220
- 生命保険・死亡退職金は非課税枠がある ……………………… 222
- 生前贈与の3年ルールに気をつけよう ………………………… 224
- 相続時精算課税で節税できるのはどんな場合? ……………… 226
- 相続人の数によって相続税はゼロになるかも ………………… 228
- どこまでが「法定相続人」なのかを数えよう ………………… 230
- 孫を養子にするメリットとデメリット ………………………… 232

- ●相続税の配偶者控除で相続税ゼロに ……………………… 234
- ●相続する家に住み続けるなら
  自宅の評価額を減らせる ………………………………… 236
- ●相続争いを避けると節税になる理由 ……………………… 238
- ●相続した家や土地を売るベストタイミング ……………… 240
- ●空き家になった田舎の実家を売るなら …………………… 242

おわりに ………………………………………………………… 244
索引 ……………………………………………………………… 246

だれでも使える

節税の超基本

1 じつは国も「節税」を推奨している

　本書ではさまざまな節税のテクニックについてお伝えしていきますが、まずは**「節税とはなにか」**と**「所得の種類によらず広く使える節税テクニック」**についてお伝えしていきましょう（特定の所得でしか使えないテクニックはのちの章で説明します）。

　さて、「節税はずるい」とネガティブに考えている人もいるかもしれませんが、私は違った考えをもっています。じつは、私が東京国税局の職員に採用されて最初の研修で教わったのが、**「節税は悪くない」**ということでした。

　節税とは、税法をはじめとするルールにのっとって、合法的に税金を減らすことです。 たとえば必要経費をきちんと計上して、税額を節約するケースです。株式投資でいえば**iDeCo**（137ページ）や**NISA**（136ページ）も節税のひとつです。

　私は2017年7月に東京国税局を退職し、フリーライターとして独立しました。独立当初の生活を支えてくれたのは、節税の知識です。退職した翌日に開業届などを出し、**青色申告**（98ページ）、**小規模企業共済**（44ページ）などの節税方法を取り入れ、**独立1年目から、所得税と住民税を合わせて20万円ほど節税できました。**

　このように、まずは自分のために節税の知識を得ることが大事なのですが、**じつは、ある意味では国も節税を推奨しているといえま**

す。なぜなら、節税は国が定める法律等にしたがって行われるもので、そこには必ず政策的な意図が隠されているからです。

たとえば、個人の代表的な節税方法である**住宅借入金等特別控除（住宅ローン控除）**（48ページ）には、個人の住宅取得を促し、住宅関連の業界の景気を向上させたいという狙いがあります。節税はとがめられることではなく、むしろ積極的に取り組むべきものなのです。

1[2] 「節税」と「脱税」の違いとは？

「節税は悪くない」と学んだ国税職員時代の研修で、同時に教わったのが、**「脱税は許されない」**ということでした。

　脱税とは、違法に税金を少なく申告したり、まったく申告をしなかったりすることを意味します。 たとえば、「本当は売上500万円の契約なのに、300万円の契約と偽って確定申告をした」といったケースが当てはまります。

　申告内容に誤りが見込まれる場合、**税務調査**（114ページ）が実施され、さらに脱税の疑いがある場合、税務調査は長期化し、厳しく追及されます。場合によっては、申告漏れや脱税行為についてなんらかの処分がなされます（110ページ）。

　発覚するリスクしかない脱税よりも、きちんとした節税を実践したほうが、よほど安心して仕事や生活を送ることができます。

節税
税法をはじめとするルールにのっとって、合法的に納税額を減らすこと。

脱税
申告内容を偽る、申告しないなど、違法に納めるべき税金を少なくしようとすること。

だれでも使える節税の超基本　1

「節税できる税金」と 「節税できない税金」の違い

　節税は多くの場合"任意"です。なにもせずに節税の恩恵を受けられることは、ほぼありません。基本的には自分で申請などをして、初めて効果を生みます。**節税方法を知らないままでいると、確実に税金で損をしてしまうのです。**

　たとえば一定額を超える医療費を支払ったときは**医療費控除**の確定申告をすることで節税できます。しかし、**医療費控除は自分で確定申告書をつくり、税務署に提出してはじめて有効となります。**同じ医療費を支払っていても、確定申告をしたか、しなかったかによって納める税額が変わるのです。税務署から「申告したほうがいいですよ」と案内が来ることもありません。

　かといって、難しい節税方法まで理解する必要はありません。とくに会社勤めの人ができる節税方法は限られるので、本書で紹介する節税方法を押さえれば、税金で損することはなくなるでしょう。

　とくに、副業や投資をしようと思っているなら、節税の知識は不可欠です。 会社員の給与所得は年末調整である程度自動的に節税できますが、**事業所得**など確定申告が必要な場合、自分で必要経費を集計し、控除や特例などを積極的に使う必要があるからです。

所得控除と税額控除の違い

節税のキーワードは「2つの控除」です。2つとは**所得控除**と**税額控除**です。まずはこの2つの控除の基本を押さえましょう。

税金には**「控除」**という言葉が出てきます。これは**「差し引くこと」**という意味です。

> 所得控除 ＝ 所得の一部から ＝ 課税対象の所得を
> 　　　　　　差し引く 　　　　引き下げる
>
> 税額控除 ＝ 税額の一部から ＝ 税額を引き下げる
> 　　　　　　差し引く

このような効果があります。

所得控除は税率を掛ける前の**所得金額（課税所得金額）**を下げるので、控除額がそのまま節税効果になるわけではありません。たとえば所得控除として100万円が差し引けても、100万円の節税効果があるわけではないのです。この人の所得税の税率が20％なら、以下のようになります。

> 節税効果 ＝ 100万円 × 20％ ＝ 20万円分

一方、**税額控除は、税額を直接差し引きます。**税額控除100万円

なら、節税効果は100万円ということですね。

このように所得控除や税額控除が設けられているのは、公平な税金を実現するためです。たとえば給与所得600万円を稼いでいる人が2人いて、ひとりは独身で悠々自適な生活をしている。もうひとりは病気の家族を抱えて給料の多くが医療費でなくなっている。そんなケースをイメージしてください。この2人に同じ税金がかかるとすると、不公平だと感じませんか？

所得控除や税額控除で、このような不公平を解消できます。

ほぼだれもが使える基礎控除を理解しよう

それでは、ここからはおもな所得控除について説明をしていきます。所得控除は10種類以上ありますが、そのなかでもっとも多くの人が利用できるものが**基礎控除**です。

令和元年分以前は、基礎控除は一律38万円で、だれでも、いつでも使える所得控除でした。しかし、税制改正を受けて、**令和2年分以後は、所得金額に応じて基礎控除が48万円から段階的に減る**しくみが導入されています（右ページ参照）。

とはいえ、基礎控除が減るのは合計所得金額2400万円を超えてから。一般的な収入であれば基礎控除は48万円になりますから、そこまで気にする必要はないでしょう。

なお、表を見てわかるように、**所得税の基礎控除より、住民税の基礎控除のほうが若干少なくなっています。** そのため、ご自身の所得金額によっては、「所得税はかからないけれど、住民税はかかる」ということもあります。

ちなみに**「103万円の壁」**という言葉があります。これは**給与所得のある人の、所得税がかかりはじめるボーダーライン**です。給与所得103万円以内であれば、給与所得控除55万円と基礎控除48万円を引いてゼロになるので、所得税はかかりません。

一方、住民税の基礎控除は基本的に43万円ですから、給与所得

だれでも使える節税の超基本　**1**

控除55万円＋基礎控除43万円＝98万円から住民税がかかってきます。**住民税の場合は「98万円の壁」になるということです。**

所得税の基礎控除

納税者本人の合計所得金額	控除額
2,400万円以下	48万円
2,400万円超〜2,450万円以下	32万円
2,450万円超〜2,500万円以下	16万円
2,500万円超	0円

住民税の基礎控除

合計所得金額	基礎控除
2,400万円以下	43万円
2,400万円超〜2,450万円以下	29万円
2,450万円超〜2,500万円以下	15万円
2,500万円超	0円

1 6 社会保険料控除は家族の保険料も申請しよう

　基礎控除に続き、多くの人に関係する所得控除が**社会保険料控除**です。健康保険料や年金保険料などの社会保険料は、基本的に支払わなくてはならないものですが、**保険料に応じて社会保険料控除を差し引けます**。社会保険料控除の対象となる保険料はさまざまですが、一般的には次の社会保険料を押さえておくといいでしょう。

- ●健康保険料　●国民年金・厚生年金保険料
- ●介護保険料　●雇用保険料
- ●国民年金基金の掛金

　のちほど説明する**生命保険料控除**（30ページ）や**地震保険料控除**（34ページ）には上限金額があり、支払った保険料が全額所得控除になるわけではありません。**でも社会保険料控除の場合、全額が所得控除になります**。ですから、年末調整や確定申告をするときには、社会保険料の確認を優先し、すべての保険料をもれなく申告することをお勧めします。

　そして「自分の社会保険料」はもちろんですが、**「生計を一にする家族の社会保険料」**を支払うことで、さらに社会保険料控除を増やせます。たとえば、配偶者の国民健康保険料を代わりに納めた

ときは、配偶者の保険料も合わせて社会保険料控除に加算します。

所得税のルールでは、所得の多い人ほど税率が高くなり、所得控除の節税効果も高くなります。

ということは、**所得の少ない家族の社会保険料を、所得の多い家族が肩代わりして社会保険料控除を増やすことで、より大きな節税ができます。**

生計を一にしている所得が少ない家族の社会保険料を、所得が多い家族が代わりに払うことで、社会保険料控除を増やすことができるケースも！

所得が少ない人　　所得が多い人

定期的に仕送りしているなどの場合、同じ住所じゃなくても「生計を一にしている家族」と認められる場合もある

配偶者の年間所得が103万円を超えると配偶者控除がなくなる

配偶者控除と**配偶者特別控除**は、配偶者の所得が一定金額以内であれば使える所得控除です（※）。この2つの所得控除のどちらが適用されるかは、扶養されている配偶者の所得金額によります。

配偶者の合計所得金額が48万円以内なら配偶者控除、48万円を超えると配偶者特別控除になります。

配偶者控除の金額は38万円が基本ですが、配偶者控除を受ける本人の合計所得金額に応じて下がります。また、扶養されている配偶者がその年の12月31日時点で70歳以上であれば、**老人控除対象配偶者**として、控除額が加算されます。所得税がかかるラインを「103万円の壁」と説明しましたが、**配偶者控除でも「103万円の壁」といいます。** たとえば配偶者がパートなどで給与収入が103万円を超えると、配偶者控除の対象から外れるのです。

控除を受ける納税者本人の合計所得金額	控除額	
	一般の控除対象配偶者	老人控除対象配偶者
900万円以下	38万円	48万円
900万円超〜950万円以下	26万円	32万円
950万円超〜1,000万円以下	13万円	16万円

（※）青色事業専従者・白色申告の事業専従者は対象外

配偶者特別控除は年収 150万円から減り始める

だれでも使える節税の超基本　1

8

　配偶者の所得金額が48万円を超えると、配偶者控除の対象から外れ、代わりに**配偶者特別控除**が適用されます。**配偶者特別控除は、配偶者の合計所得金額に応じて控除額が減っていきます。**

　ただ、配偶者の所得が増えて配偶者控除から配偶者特別控除に切り替わっても、すぐに影響はしません。下の表を見てください。

配偶者の合計所得金額	控除を受ける納税者本人の合計所得金額		
	900万円以下	900万円超～950万円以下	950万円超～1,000万円以下
48万円超～ 95万円以下	38万円	26万円	13万円
95万円超～ 100万円以下	36万円	24万円	12万円
100万円超～ 105万円以下	31万円	21万円	11万円
105万円超～ 110万円以下	26万円	18万円	9万円
110万円超～ 115万円以下	21万円	14万円	7万円
115万円超～ 120万円以下	16万円	11万円	6万円
120万円超～ 125万円以下	11万円	8万円	4万円
125万円超～ 130万円以下	6万円	4万円	2万円
130万円超～ 133万円以下	3万円	2万円	1万円

配偶者の合計所得が48万円超95万円以下のラインであれば、じつは配偶者控除と同じ控除額となっています。節税効果に違いはありません。

　控除額が減り始めるボーダーは**「合計所得金額95万円」**です。これは給与収入に直すと年収150万円になります。

　たとえば夫が妻を扶養しているとして、**妻がパート・アルバイトなどを始めて年収150万円を超えてくると、夫の税金が増えてくる**というわけです。

　このように、配偶者の所得金額によって税金に影響がおよぶので、**確定申告**（63ページ）や**年末調整**（58ページ）の時期になったら、配偶者の所得金額を確認する必要があります。

　この点は、税務署もきちんとチェックしています。

　もし、配偶者の所得を少なめに見積もって配偶者控除や配偶者特別控除を利用していたら、あとで問題になります。

「年収103万円の壁」と「年収150万円の壁」がある！

だれでも使える節税の超基本 1

16歳未満の子どもは
扶養控除の対象外

1[9]

　扶養控除は、勘違いの多い所得控除です。よく、「子どもを養っているから扶養控除が使える」と考える人がいますが、間違いです。じつは、**16歳未満の子は扶養控除の対象ではありません。**

　また、配偶者は配偶者控除や配偶者特別控除が用意されているので、やはり扶養控除の対象にはなりません。

　ということで、扶養控除を使える一般的なケースは、**「16歳以上の親族を扶養している」**になります。

　そして、扶養控除の対象となる扶養親族として認められるには、次の条件をすべて満たす必要があります。

（1）配偶者以外の親族（6親等内の血族及び3親等内の姻族をいいます。）又は都道府県知事から養育を委託された児童（いわゆる里子）や市町村長から養護を委託された老人であること。

（2）納税者と生計を一にしていること。

（3）年間の合計所得金額が48万円（給与収入に換算すると103万円）以下であること。

（4）青色事業専従者・白色事業専従者でないこと。

だれでも使える節税の超基本　1

　下表のとおり、扶養控除は基本的に38万円ですが、扶養されている人の年齢や、同居しているかによって控除額が増えます。

●その年の12月31日現在の年齢が19歳以上23歳未満
　→特定扶養親族
●その年の12月31日現在の年齢が70歳以上
　→老人扶養親族

　ここで注意したいのが「1月1日生まれ」の人です。扶養親族の判定で「その年の12月31日現在」の年齢が問われるのですが、この年齢は**「誕生日前日の午後12時」**にカウントされます。

　つまり、1月1日が誕生日の子がいて、「令和3年1月1日に16歳になったけど、令和2年12月31日現在は15歳だから扶養控除は使えない」と考えると、勘違いになってしまいます。実際は令和2年12月31日に16歳になっているので、扶養控除が使えます。

　これは混乱しがちですが、年末調整の書類に「平●.1.1以前生」といった表示があるので、この表示を見て判断してください。

区分		控除額
一般の控除対象扶養親族		38万円
特定扶養親族		63万円
老人扶養親族	同居老親等以外の者	48万円
	同居老親等	58万円

29

生命保険料控除は契約を確認する

　生命保険料を支払ったら、年間の支払額に応じて所得控除を受けられます。ここで押さえておきたいのは、**「契約したタイミング」**と**「保険の種類」**によって控除額が決まる点です。

だれでも使える節税の超基本　**1**

　まず、2011年12月31日以前に締結した保険契約は**「旧契約」**、2012年1月1日以後に締結した保険契約は**「新契約」**という扱いになっています。

　旧契約は「生命保険」と「個人年金」に分かれ、それぞれ控除額は以下の算式で計算されます。上限は5万円です。

年間の支払保険料等	控除額
25,000円以下	支払保険料等の全額
25,000円超〜50,000円以下	支払保険料等×1/2＋12,500円
50,000円超〜100,000円以下	支払保険料等×1/4＋25,000円
100,000円超	一律50,000円

　新契約の場合、「生命保険」「個人年金」「介護保険」の区分があり、それぞれ上限が4万円に設定されています。

年間の支払保険料等	控除額
20,000円以下	支払保険料等の全額
20,000円超〜40,000円以下	支払保険料等×1/2＋10,000円
40,000円超〜80,000円以下	支払保険料等×1/4＋20,000円
80,000円超	一律40,000円

　このように、ご自身が加入している生命保険を分けたうえで控除額を合計したら、**最高12万円**まで所得控除として認められます。

気をつけたいのが、**生命保険料控除には上限がある**という点です。社会保険料控除のように、保険料を支払ったら全額が節税につながるわけではありません。上限を超えてしまうと、生命保険料を増やしても節税効果は増えないのです。

　とはいえ、自分だけで保険契約が旧契約と新契約のどちらなのか、生命保険、個人年金、介護保険のどれなのかを確認するのは難しいでしょう。

　ひとつの保険商品でも、生命保険と介護保険を兼ねるようなものもあり、とても複雑です。

　ですから、**生命保険に入るかどうかを検討するときは、保険会社に質問し、生命保険料控除を試算してもらうといいでしょう。**

　また、年に一度、確定申告や年末調整のために送られる**生命保険料控除証明書**を見れば、契約の種類などの情報を確認できます。

　ここから、節税に役立っていない保険料がないかを調べることもできます。

生命保険料の控除には上限があるので、入りすぎに注意！

だれでも使える節税の超基本 1

1 11 地震保険料控除は
5万円が上限

　日本は地震が多いため、国は地震保険の加入を推奨しています。それを税制面でも後押しするために設けられたのが、**地震保険料控除**です。

　地震保険料控除は、平成18年まであった「損害保険料控除」に代わるかたちで創設されました。

　それまでは地震保険料だけでなく、長期契約の火災保険料も控除の対象となっていたのですが、いまは火災保険に入っても控除額は増えません。

　ただし、平成18年12月31日までに契約した一定の損害保険にかかる控除は残っており、次ページのように控除額の計算がなされます。

　このとおり、**これから地震保険に入るのであれば、火災保険に節税効果はなく、地震保険は年間50,000円までは節税効果があるということを意識しておくといいでしょう。**

　保険は節税のためだけに入るものではありませんが、加入を検討するときの目安としてください。

34

だれでも使える節税の超基本 1

1 12 振り込め詐欺にあっても雑損控除の対象にならない！

めったに使うことはないけれど、頭に置いておきたいのが**雑損控除**です。

これは、**自分や家族（※）が災害や盗難などで被害を受けたときに、被害額に応じて受けられる所得控除です。**

雑損控除の対象となる損害とは、以下のとおりです。

（1）震災、風水害、冷害、雪害、落雷など自然現象の異変による災害
（2）火災、火薬類の爆発など人為による異常な災害
（3）害虫などの生物による異常な災害
（4）盗難
（5）横領

ちなみに、**詐欺や恐喝の被害は、雑損控除の対象になりません。**振り込め詐欺や還付金詐欺の被害は残念ながらいまだ社会問題となっていますが、雑損控除は受けられないのです。

雑損控除の金額は、損失額だけでなく、所得金額によって変動するしくみになっています。次の2つの算式を計算して、多いほうの金額が、雑損控除として認められます。

（※）生計を一にする親族で、総所得金額が48万円以下

> <雑損控除の計算式>
> (1)（差引損失額）－（総所得金額等）×10%
> (2)（差引損失額のうち災害関連支出の金額）－5万円
>
> ※差引損失額＝損害金額＋災害等に関連したやむを得ない支出－保険金などで補填される金額
> ※災害関連支出＝災害を受けた住宅や家財などを取り壊したり、撤去したりするための支出

　雑損控除は受けた損害に応じて計算されるので、その損害を示す書類はきちんと保管しておきましょう。
　なお、**年末調整では雑損控除の手続きはできません。**会社員であっても、雑損控除の手続きには確定申告を行わなくてはいけないのです。このときに災害に関する支出の領収書などが必要です。

災害や犯罪にあったら、忘れずに確定申告しよう！

医療費控除になるもの、ならないもの

1年の間に、多額の医療費を払ったときは、**医療費控除**を使えるか確認しましょう。

医療費が10万円（※）を超えた場合、その超えた金額（最大200万円）が医療費控除になります。

まず理解しておきたいのが、医療費控除の対象は、基本的には治療費や入院費のように、病気やケガを治すために支払うものです。健康のためにかかったお金であればなんでも認められると思われがちですが、**予防や付添、美容目的といった、治療に直接当てはまらないものは医療費控除の対象外です。**

また、損害賠償や保険金などで医療費が補填されたときも注意が必要です。この場合、**補填された金額を医療費控除の金額から除く必要があります。**よくあるのが、出産にともなう医療費控除の間違いです。たとえば出産にともなう医療費控除が50万円になっても、分娩費の補助などで40万円が戻ってきたら、医療費控除は10万円に減額されます。

もうひとつ間違えやすいポイントが**「医療費の集計期間」**です。**医療費控除は毎年1月1日から12月31日までの間に実際に支払った医療費を集計します。**2021年12月に入院し、2022年1月に医療費を支払ったら、2022年分の医療費としてカウントします。

（※）総所得金額等が200万円未満の場合、総所得金額等の5%

医療費控除の対象になる費用

- 医師又は歯科医師による診療・治療の対価
- 治療又は療養に必要な医薬品の購入の対価
- 病院、診療所、介護老人保健施設等へ入る際のサービス料
- あん摩マッサージ指圧師、はり師、きゅう師、柔道整復師による施術の対価
- 保健師、看護師、准看護師又は特に依頼した人による療養上の世話の対価
- 助産師による分娩の介助の対価
- 介護保険等制度で提供された一定の施設・居宅サービスの自己負担額
- 医師等による診療等を受けるための通院費、医師等の送迎費
- 入院の際の部屋代や食事代の費用
- コルセットなどの医療用器具等の購入代やその賃借料

医療費控除の対象にならない費用

- 自家用車で通院する場合のガソリン代や駐車場の料金等
- 健康診断や人間ドックの費用
- 美容整形手術
- 美化のための歯科矯正治療
- メガネ、コンタクトレンズ、補聴器の費用（治療に必要な特殊メガネはOK）
- 医師等に対する謝礼金
- ビタミン剤などの病気の予防や健康増進のために用いられる医薬品の購入代金
- 疲れを癒したり、体調を整えたりするためのマッサージ費用
- 家族や親類縁者に付添いを頼んだの付添料

1 ドラッグストアで買う 風邪薬で節税できる

平成29年にスタートしたものの、あまり知られていないのが**セルフメディケーション税制**です。これは医療費控除の別バージョンのもので、**ドラッグストアなどで「特定一般用医薬品等」を買ったときに適用される所得控除です**。通常の医療費控除とセルフメディケーション税制は、どちらか一方しか使えないので、有利なほうを選択しましょう。

セルフメディケーション税制のメリットは、**年間1万2,000円を超えた支出が控除額になる**という点です。通常の医療費控除のボーダーは原則10万円なので、セルフメディケーション税制のほうがハードルは低いです。

ただし、**通常の医療費控除の上限額200万円に対し、セルフメディケーションの上限額は8万8,000円。**こちらは通常の医療費控除のほうが有利といえます。病院によく行く人は通常の医療費控除、ドラッグストアをよく使う人はセルフメディケーション税制を選択するとイメージしてください。

セルフメディケーション税制の対象となる医薬品は、**風邪薬**や**鎮痛剤**といったものから、**軟膏**や**湿布**、**点眼薬**など幅広い品目が対象になっています。**どの医薬品がセルフメディケーション税制の対象になっているかを確認するときは、パッケージを見てください。**

セルフメディケーション税制の対象の商品の多くに、共通識別マークが書かれています。レシートにも、対象商品が表示されるようになっています。

　もうひとつ確認しておきたいのは、**セルフメディケーション税制を使える人には条件が設けられている**という点です。**「健康の維持増進及び疾病の予防への取組として一定の取組を行う個人」**という条件です。これは一般的な定期健康診断やインフルエンザの予防接種を受けていれば問題ありません。

　健康診断の結果通知表や予防接種証は、セルフメディケーション税制を受けるために必要なので、捨てずに取っておきましょう。

1 15 ひとり親の人はかならず控除を申請する

　令和2年から新設された**「ひとり親控除」**は、その名のとおりシングルファザーやシングルマザーを対象にした所得控除です。ひとり親控除の金額は一律35万円です。

　さらに、**ひとり親控除とは別に、夫と離婚や死別をして再婚をしていない女性**に対して、**寡婦控除**として27万円の控除が用意されています。こちらは12月31日現在の状況で判断されるので、たとえば令和3年12月31日に離婚が成立すれば、令和3年分の所得税や住民税に寡婦控除が適用されます。

　ひとり親控除と、寡婦控除の条件は共通している部分があるので、人によってはどちらも条件を満たす場合があります。

　この場合はひとり親控除が優先され、寡婦控除を重複して受けることはできません。

　基本的には次のように判断するといいでしょう。

> ●シングルファザーまたはシングルマザー：ひとり親控除
> ●子以外を扶養している母親：寡婦控除

　ひとり親控除が新設される前から寡婦控除はありましたが、未婚のシングルマザーが控除を受けられないことが、子どもの貧困問題

につながると問題視されていました。

　ひとり親控除ができたことで、**たとえ結婚をしていなくとも、子育てをしていれば控除を受けられるようになった**というわけです。

小規模企業共済等掛金控除で、節税しながら老後資金を貯める

最近は**iDeCo（個人型確定拠出年金）**（137ページ）を利用する人も増えています。これは要するに、将来自分が受け取る年金を自分で運用する制度です。

iDeCoの掛金は、**小規模企業共済等掛金控除**という扱いになり、節税効果が期待できます。

iDeCoのほかにも、小規模企業共済等掛金控除の対象になるものがあります。

個人事業主や会社経営者が加入できる**小規模企業共済**の掛金。会社員の方であれば**企業型年金**の掛金、地方公共団体が実施する、いわゆる**心身障害者扶養共済制度**の掛金です。

これらの制度は、いずれも任意で掛金を積み立て、その資金を将来の生活などで役立てるためのものです。**掛金は全額が所得控除の対象になり、上限はないことがメリットです。**

とくに私のように会社勤めではない個人事業主の場合、将来もらえる公的年金が少なくなってしまうので、小規模企業共済に加入することをお勧めします。

小規模企業共済等掛金控除で節税して、浮いたお金を掛金に回すようにすれば、効果的に老後資金を増やすことができます。

だれでも使える節税の超基本　1

加入前の税額		
課税される所得金額	所得税	住民税
200万円	104,600円	205,000円
400万円	380,300円	405,000円
600万円	788,700円	605,000円
800万円	1,229,200円	805,000円
1,000万円	1,801,000円	1,005,000円

加入後の節税額				
課税される所得金額	掛金月額1万円	掛金月額3万円	掛金月額5万円	掛金月額7万円
200万円	20,700円	56,900円	93,200円	129,400円
400万円	36,500円	109,500円	182,500円	241,300円
600万円	36,500円	109,500円	182,500円	255,600円
800万円	40,100円	120,500円	200,900円	281,200円
1,000万円	52,400円	157,300円	262,200円	367,000円

iDeCo、小規模企業共済、企業型年金、心身障害者扶養共済制度の掛金は全額が所得控除になり、しかも上限がない！

ふるさと納税は
やっぱりやるべき！

　ここ数年で急速に注目度が高まった**「ふるさと納税」**も、所得控除に関わる話です。これは所得控除のひとつである**寄附金控除**を利用したもの。地方自治体のほか、国や認定NPO、政党などへ寄附することで、その分だけ所得税が控除できるのです。

　寄附金控除の節税効果は、寄附額の一部にとどまるので、ふつうは寄附金控除を使って儲けを得ることはできません。ところが、**地方自治体に対する寄附、いわゆる「ふるさと納税」の場合、寄附先の地方自治体がさまざまな返礼品を用意しているので、うまく利用すれば払ったお金以上のメリットを得られる**というわけです。

　ふるさと納税をすると、所得税と住民税のダブルで節税効果を得られ、実質的な自己負担額は2,000円に収まります。そのため、**2,000円以上の価値の返礼品をもらうことができれば、儲かったことになります。**

　「ふるさと納税」は自分の出身地以外にも寄附できるので、魅力的な返礼品を用意している地方自治体に寄附できます。ふるさと納税の手続きが簡単にできるポータルサイトが複数あり、ネットショッピングのように地方自治体に寄附でき、返礼品が自宅に届きます。

　ただし、ふるさと納税には2つの落とし穴があります。ひとつは**手続きを忘れるリスク**です。寄附をしても、確定申告などの手続き

をしないと節税効果は得られません。寄附先が5自治体以内であれば**ワンストップ特例制度**で各自治体に申請し、確定申告を省略できるしくみもありますが、こちらも申請手続きが必要です。

次の注意点が、**寄附金控除として認められる寄附金額には上限がある点**です。控除の対象となる寄附額は、**総所得金額の40%が上限**です。これを超えて寄附しても控除が頭打ちになり、自己負担額が2,000円を超えます。ふるさと納税のポータルサイトで寄附上限額のシミュレーションができるので確認しましょう。

1
18

マイホームを買うと 住宅ローン控除で節税できる

　住宅ローンを組んで自宅を新築・購入したり、増改築をしたりすると、**住宅借入金等特別控除（住宅ローン控除）** を受けられる可能性があります。住宅ローン控除は、これまでに説明してきた所得控除ではなく**税額控除**のひとつです。**税額を直接減らしてくれる効果があるので、節税効果が大きいです。**

　住宅ローン控除の基本的なしくみは**「住宅ローンの年末残高の1％分の節税効果を、10年間にわたって受けられる」**というもの。入居年などにより住宅ローン控除の計算や控除期間が変わる可能性がありますが、基本的には**「1％を10年間」**と覚えておくといいでしょう。

　ふつう、住宅ローンを組んで最初の10年くらいは数千万円単位の残債があります。ということは、毎年数十万円単位の節税効果を10年間受けられるわけですから、トータルの節税効果は数百万円単位。これを使うと使わないのでは、大きな違いがあります。

　また、**長期優良住宅**に認定されている住宅を購入すると、さらに控除額を増やせます。**長期優良住宅とは、長期にわたり良好な状態で使用するための措置が取られていると行政から認められた住宅**を指します。性能が高い分、長期優良住宅の物件価格は高くなりますが、控除額は増えるので、負担アップの一部を節税で補えるとい

48

うわけです。

　ただし、**住宅ローン控除は節税効果が高い分、条件が複雑です。**ひとつでも条件に当てはまらないと控除を受けられないので、事前に確認して、条件を満たす必要があります。

住宅ローン控除のおもな条件

- 住宅ローン等の返済期間が10年以上あること
- 民間の金融機関などの住宅ローンを利用していること（知人からの借り入れなどではNG）
- 床面積の2分の1以上が、専ら自己の居住用であること
- 住宅取得後6か月以内に入居し、引き続き居住していること
- 家屋の床面積（登記面積）が50㎡であること（※）
- 控除を受ける年の所得が3,000万円以下であること
- 中古住宅の場合、建築後20年（耐火建築物は25年）以内の建物か、耐震基準に適合

（※）一定期間内に住宅取得の契約をした場合、40㎡に緩和されるケースがあります。

1⁽¹⁹⁾ 夫婦共働きならローンを夫婦で分けて節税効果アップ

　住宅ローン控除には上限があります。一般的な住宅だと年間40万円が上限なので、4,000万円を超える住宅ローンがあっても控除額は増えません。

　ただし、**夫婦で住宅ローン控除を使うことで、節税効果を増やすことが可能です**。たとえば住宅ローン6,000万円を夫と妻で3,000万円ずつ分ければ、夫と妻で住宅ローン控除30万円を受けられるので、合わせて年間60万円の節税効果を得られるのです。

　ただし、ローンを2人で分けるには**不動産購入時の登記費用やローン手数料なども2人分かかる**という点は忘れてはいけません。またローンを組んだあとに夫婦のどちらかが仕事を辞め、ローンを払えなくなるリスクも考える必要があります（どちらかがローン返済の肩代わりをすると**贈与税**（第6章）の問題につながります）。

1-20 住宅ローン控除は確定申告が必須

　住宅ローン控除の手続きは少し複雑です。会社員であれば**「初年度は確定申告、2年目以後は年末調整」**となります。**最初の確定申告をしていないと、翌年以後の住宅ローン控除も受けられません。**

　確定申告書の作成は、そこまで難しくありません。国税庁の**確定申告書等作成コーナー**（66ページ）を使って、会社の源泉徴収票や購入した住宅の情報などを入力すれば、最終的な税額まで自動的に計算してくれます。あとは、その確定申告書を所轄の税務署に提出して、還付金が振り込まれるのを待つだけです。

　こうして確定申告を終えると、後日、**住宅借入金等特別控除申告書**という書類が自宅に送られます。**この書類は、翌年以降に住宅ローン控除を受けるために使うものです。**この書類と住宅ローンの年末残高証明書があれば、2年目以後は確定申告をせずとも、年末調整で住宅ローン控除を受けることができます。

住宅ローンを組んだら、最初はしっかり確定申告しよう！

自宅をリフォームした場合も節税ができる

　住宅ローン控除は、家を建てたり買ったりするときだけでなく、増改築（リフォーム）も対象です。ただ、**ここでいう増改築は壁、床、柱、はり、屋根、階段のいずれかについて、半分以上の修繕や模様替えを行う大規模なケース**を指しています。

　あるいは次のタイプのリフォームのときは、住宅ローン控除は使えませんが、別の税額控除が用意されています。

> ●耐震工事
> ●バリアフリー工事
> ●省エネ工事
> ●多世帯住宅化工事
> ●長期優良住宅化工事

　これらのリフォーム工事は、ローンを組んで行った場合は**特定増改築等住宅借入金等特別控除**（※）の対象に、ローンを組まずに行った場合は**住宅特定改修特別税額控除**または**住宅耐震改修特別控除**の対象になります。

　リフォーム工事のタイプによって控除額は異なり、控除が認められる条件や、提出書類などがそれぞれ決まっています。リフォームを考えるときは、これらの税額控除について調べておきましょう。

（※）耐震工事については対象外

第2章

会社員のための
節税ワザ

2①
働く人にとって
もっとも重要な所得税

　税金と一口にいっても、日本には約50もの税金が存在します。

　多くの人はどんな税金があるのか、ほとんどを知らないと思いますが、まったく問題ありません。自分の仕事や生活との関わりが深い税金から、順番に理解していけばいいのです。

　右ページに日本の税金の一覧表を載せましたが、真っ先に理解しておくべきは**所得税**です。

　所得税を簡単に説明すると、**「個人の稼ぎに対する税金」**です。会社員であれ、自営業であれ、投資家であれ、なんらかのかたちでお金を稼いでいる人は、必ず所得税を納めなければいけません。

　ちなみに、健康保険や年金などの社会保険の場合、正社員か、バイトかなどでルールが変わることがありますが、所得税はそのようなことはありません。**だれであれ、お金を稼ぐのであれば、まったく同じルールで所得税がかかる**のです。

　そしていま（2021年時点）では、所得税に**復興特別所得税**という税金が加算されています。

　復興特別所得税は、2011年に発生した東日本大震災の復興のために設けられた税金です。2037年（令和19年）までの間、**所得税の2.1%に相当する金額が加算される**しくみになっています。

　たとえば、ある年の所得税が10万円なら、復興特別所得税とし

て2,100円だけ税金が増えるのです。

本書では復興特別所得税も加味して所得税の税率を示していますので、それを頭に置いてください。

	国税	地方税
所得課税	**所得税** 法人税 地方法人税 特別法人事業税 **復興特別所得税**	住民税 事業税
資産課税等	相続税・贈与税 登録免許税 印紙税	不動産取得税 固定資産税 特別土地保有税 法定外普通税 事業所税 都市計画税 水利地益税 共同施設税 宅地開発税 国民健康保険税 法定外目的税
消費課税	消費税 酒税 たばこ税 たばこ特別税 揮発油税 地方揮発油税 石油ガス税 航空機燃料税 石油石炭税 電源開発促進税 自動車重量税 国際観光旅客税 関税 とん税 特別とん税	地方消費税 地方たばこ税 ゴルフ場利用税 軽油引取税 自動車税 軽自動車税 鉱区税 狩猟税 鉱産税 入湯税

国税は国に納める税金、地方税は地方自治体に納める税金のこと

2 ²　源泉徴収とはなにか？

　毎年少なくない税金を納めているはずなのに、税金のしくみはよくわからない……。そのような方が多いようです。

　とくに、会社員の方は「税金を納めている」という意識が薄くなりがちですね。

　その理由のひとつとして考えられるのが、**源泉徴収**というしくみです。源泉徴収とは、給料などの支払者が、支払いのタイミングで所得税を差し引いて、いわば**「本人に代わって納税をする」**というしくみです。

　会社員の所得税は、基本的に以下の流れで手続きが行われます。

> 1　勤務先が、あらかじめ所得税を差し引いて従業員に給料や賞与（以下「給与」）を支払う
> 2　勤務先が、従業員から差し引いた所得税を税務署に納める
> 3　勤務先が、所得税の過不足額を清算する（年末調整）
> 4　勤務先が、税務署に年末調整の結果を報告する

　このように、会社員の所得税の手続きは、主語が「勤務先」になっています。

会社員個人が主体的に動かなくても、会社からいわれるままに書類などを出せば、所得税の手続きをほぼ済ませられるのです。

源泉徴収が日本に導入されたのは、昭和15年の税制改正までさかのぼります。国税庁ホームページの説明によると、源泉徴収制度を導入した背景には、「納税の簡易化」「納税者の捕捉」などの目的があったそうです。**要は、税金の取り漏れを防ぐために、源泉徴収が採用された**というわけですね。

源泉徴収は、所得税の手続きを簡単にするもので、なくてはならないしくみです。ただ、**会社任せにするあまり、税金の基礎知識のない社会人を大量に生んでいる**という意味で、源泉徴収制度に問題がないとはいえません。

2 ③ 年末調整とはなにを
しているのか？

さて、会社員の人が年末になると書類を書かされる**年末調整**とは、なにをしているのでしょうか。

そもそも、**会社員の給与から源泉徴収（要は天引き）されている所得税は、あくまで「仮計算」の結果です。**

本来、所得税の計算は、毎年1月1日から12月31日までの1年単位で行われるものです。この間の収入や、その間に支払った保険料、扶養家族の増減といったさまざまな要素を加味して、1年分の所得税が計算されます。

ところが、会社から給与が支払われている時点では、そういった要素が確定していません。たとえば、年の途中で家族が増えたり、会社を辞めたりすれば、所得税の額は変わります。

そのため、源泉徴収で毎月の給与から差し引く所得税は、「その時点でわかっている要素」で仮計算したものなのです。具体的には、「**給与収入の金額**」「**事前に届け出た扶養者の数**」「**社会保険料の金額**」に応じて、源泉徴収される所得税が決められています。

源泉徴収されているのは仮計算の税額ですから、**年末に近づくにつれて「実際の所得税」と「源泉徴収された所得税」に差が出てきます。** 税金を納めすぎるケースもあれば、逆に納め足りないケースもありますが、いずれにせよ差額を精算する必要があります。

そのために行われるのが年末調整です。毎年10月から11月ごろになると、生命保険料の支払額や、扶養家族などの情報を用紙に記入して会社の総務などに提出する、あの一連の手続きです。

この年末調整を行うことで、節税につながる「控除」を受けることができます。

年末調整の心構えは、**「もれなくきちんと書類を出す」**ということに尽きます。**年末調整の書類に記載して提出することは、会社員にとって「節税の第一歩」です。** 面倒くさいからといって空欄のままで提出したり、提出を忘れたりすると、余計な所得税を負担することになってしまいます。

─── 年末調整で手続きが可能な控除 ───

- だれでも必ず受けられる控除 → **基礎控除**
- 収入が一定以下の配偶者がいる → **配偶者控除、配偶者特別控除**
- 収入が一定以下の扶養親族などがいる → **扶養控除**
- 社会保険料を支払った → **社会保険料控除**
- 確定拠出年金（iDeCo）などに加入している → **小規模企業共済等掛金控除**
- 生命保険料を支払った → **生命保険料控除**
- 地震保険料を支払った → **地震保険料控除**
- 住宅ローンを組んでいる（2年目以降）→ **住宅借入金等特別控除**
- 本人や配偶者、扶養親族に障害がある → **障害者控除**
- 配偶者と離婚や死別し、ひとり親である → **ひとり親控除、寡婦控除**
- 給与収入が130万円以下の学生である → **勤労学生控除**

> 会社員は、「年末調整で書類をちゃんと出す」ことがいちばん基本的な節税方法！

2-4 会社員は、じつは所得税で けっこうトクしている

　年末調整のとき、「仕事のために支払った経費は申請できないの？」と思ったことはないでしょうか。実際、年末調整の書類に、経費の情報を書くことはありません。

　これは不公平に思われるかもしれないのですが、**じつは会社員の場合、自動的に経費が差し引かれるしくみがあるのです。**

　まずは、サラリーマンで所得税の対象となる「給与所得」の計算式を見てください。

> **給与所得 ＝ 給与収入 － 給与所得控除**

　「給与収入」とは、お給料の額面金額です。税金や社会保険料などを差し引く前の金額ですね（勤務先から支給される出張費や一般的な金額の通勤手当は非課税なので、給与収入には含まれません）。

　そして「**給与所得控除**」は、次ページの表のように、給与収入に応じて自動的に決まります。

　たとえば給与収入が500万円であれば、給与所得控除額は144万円となり、給与所得は差額の356万円。つまり、実際に500万円の給料があっても、課税されるのは356万円だけになります。

　いってみれば、**自動的に144万円分もの経費が計上されている**のです。

会社員のための節税ワザ 2

　会社員の場合、仕事のために支払った費用であれば、会社が負担するのが一般的です。そのため、実際に年収500万円の会社員が年間144万円もの経費を自己負担することは考えにくいのですが、税金計算上は必ず差し引いてくれます。

　これは、サラリーマンからフリーランスになった私にとってはとても羨ましい優遇措置なのですが、会社員の方にはあまり自覚がないようです。

給与等の収入金額 （給与所得の厳正徴収票の支払金額）	給与所得控除額
1,625,000円まで	550,000円
1,625,001円〜1,800,000円まで	収入金額×40％−100,000円
1,800,001円〜3,600,000円まで	収入金額×30％＋80,000円
3,600,001円〜6,600,000円まで	収入金額×20％＋440,000円
6,600,001円〜8,500,000円まで	収入金額×10％＋1,100,000円
8,500,001円以上	1,950,000円（上限）

会社員の場合、これくらいの金額が「経費」として勝手に控除してもらえるから、じつはけっこう有利。

2 ⑤ 仕事の出費がかさんだら 特定支出控除を申請する

　お仕事の内容や勤務先によっては、「私は給与所得控除よりも経費の自己負担が多い！」という不満があるかもしれません。

　その場合は、確定申告で**特定支出控除**を申告することで、実際にかかった費用に応じて給与所得控除を増やす（つまり所得税の課税対象になる金額を減らす）ことができます。

　特定支出控除の対象となる一般的な費用は、下の表のとおりです。**これらの特定支出控除の金額を1月1日から12月31日の1年分合計して「本来の給与所得控除×1／2」を超えたら、超えた金額を給与所得控除に加算することができます。**

　資格取得のためにスクールに通ったなど、仕事にかかわる大きな出費があったときは、特定支出控除の存在を思い出してください。

特定支出控除の 対象となる 一般的な費用	1	通勤費用
	2	仕事のための旅行費用
	3	転勤に伴う転居費用
	4	職務のための研修費用
	5	職務に関連する資格取得費（弁護士、公認会計士、税理士なども含む）
	6	単身赴任などで、自宅への旅行のための支出
	7	次に掲げる支出（65万円を上限）で、職務の遂行に直接必要なものと勤務先から証明がされたもの （1）書籍、雑誌などの費用 （2）制服、事務服、作業服など、勤務場所で着用する衣服の購入費 （3）会社の得意先などに対する、交際費、接待費など

会社員のための節税ワザ **2**

2⁶ 会社員でも**確定申告**をしたほうがいいケース

　年末調整をすれば、会社員の所得税の手続きは"ほぼ"終わりです。「ほぼ」というのは、**所得税の手続きには年末調整ではできないものがある**からです。状況によっては、年末調整後、確定申告をして**還付金**（返還される税金）を増やすことができます。

　ここでは、1社からの給料だけが収入の人で、確定申告をしたほうがいいケースについて説明をします。

　まず、年末調整をきちんとできなかった人は、確定申告をすると還付金をもらえるのが一般的です。たとえば、保険会社の証明書が届かずに年末調整の期限に間に合わなかったときや、年の途中で退職して年末調整できなかったとき、年末調整後に扶養家族が増減したときなどです。

　次に、**「年末調整で手続きできない控除」**を受ける場合です。

　以下の控除は毎年使えるようなものではありませんが、使えるタイミングが来たら、「年末調整ではなく確定申告で手続きをする」と覚えておいてください。

年末調整で手続きできない控除の例	●医療費控除
	●雑損控除（災害や犯罪などで損害を受けたとき）
	●寄附金控除（ふるさと納税など）
	●配当控除（株式の配当金などを受け取ったとき）
	●住宅借入金等特別控除（1年目）

63

会社員でも確定申告しないといけないケース

　先ほど説明をしたのが、「確定申告をしたほうがいいケース」です。これは還付金が増える話なので、確定申告をするのも、しないのも自由です。

　でも逆に、納税額が増えるケースもあります。この場合、確定申告をしないで放置していると、あとから**追徴税**（ペナルティ）がかかる可能性があります。

　確定申告をしないとマズいのは、たとえば副業をしている場合です。 副業をしている場合、副業収入と給与収入を合わせて所得税の計算をします。その結果、還付金ではなく納税額が出たら、**「給与所得や退職所得以外の所得金額の合計額が20万円を超えていないか」**をチェックしてください。

　つまり、副業や投資で給与所得以外に年間20万円を超える所得があったら、所得税の計算をする必要があるということです。その結果、納税額が出た場合、確定申告が必要になります。

　実際は、ほかにも会社員が確定申告をすべきケースはありますが、「給与収入が2,000万円を超えた」など、レアケースばかりです。ひとまずは**「給料以外に20万円超を稼いだら確定申告」**と理解すれば十分です。

2 ⁸ 還付金がもらえるかどうか 確認してみよう

　会社員でも、確定申告をしたほうがいいケース、しなければならないケースがあることはご理解いただけたでしょうか。基本的には、年末調整後の所得税と比べて、**「還付金が出たら確定申告をしたほうがいい」「納税額が出たら確定申告をすべき」**という2パターンに対応が分かれます。

　この判断をするとき、「そもそも還付金が出るか、納税額が出るかわからない」という疑問が出てくると思います。

　そこでお勧めしたいのが、国税庁のホームページで公開されている**確定申告書等作成コーナー**というシステムです。

　このシステムで必要情報を入力していくと、所得税の納税額や還付金がいくらかを確認できます。また、申告書のプリントアウトや電子申告も行えます。

　一般的な会社員であれば、年末調整後に勤務先からもらえる**源泉徴収票**の情報を入力して、あとは年末調整できなかった控除などを追加入力するだけです。

　こうして入力が終わると、「3万円も還付金が増えるなら、確定申告をしてみよう」「100円しか還付金が出ないなら、今回の確定申告はパス」「副業で納税額が出たから、確定申告をしないと」といった判断ができるのです。

会社員のための節税ワザ 2

　システムを使い慣れるまでに時間がかかるかもしれませんが、とにかく一度やってみてください。そのうち、システムを触りながら、所得税の計算の流れも理解できるようになっていきます。

国税庁 確定申告書等作成コーナー
https://www.keisan.nta.go.jp/kyoutu/ky/sm/top#bsctrl

まずはアクセスして、
源泉徴収票を入力してみよう！

67

2⁹ 住民税はどうやって計算される？

　所得税の次にみなさんに関係があるのは**住民税**です。

　所得税と住民税は、税金を納める先が国か地方自治体かという違いだけで、基本的なしくみは共通しています。

　所得税がたくさんかかる人には、住民税もたくさんかかります。**そして所得税を節税すれば、住民税も節税できます。**

　ただ、所得税と住民税には、いくつか押さえておきたい違いがあります。

　まずは、「税率」です。所得税の場合、所得金額に応じて税率が変わる**累進税率**というしくみがあります。つまり、「たくさん稼いだ人のほうが、税率が高くなる」というしくみです。

　一方の住民税は、所得金額に10％を掛けた**所得割**と、年間5,000円程度の固定金額の**均等割**から構成されています。

　住んでいる（住民票のある）場所によって、所得割と均等割の設定が若干変わることはあります。ただ、税額が年間で何千円も変わるようなことは通常ありません。

　ときどき、「住民税が安いところに引っ越したい」という方がいますが、**引っ越しをしても住民税はほとんど節約できないのです。**引っ越しを考えるなら、住民税よりも住心地や行政サービスを優先したほうがいいでしょう。

68

会社員のための節税ワザ 2

所得税の速算表

課税される所得金額	税率※	控除額
1,950,000円以下	5%	0円
1,950,001円～3,300,000円	10%	97,500円
3,300,001円～6,950,000円	20%	427,500円
6,950,001円～9,000,000円	23%	636,000円
9,000,001円～18,000,000円	33%	1,536,000円
18,000,001円～40,000,000円	40%	2,796,000円
40,000,000円超	45%	4,796,000円

たとえば「課税される所得金額」が700万円の場合、所得税は以下になる。

$$7,000,000円 \times 0.23 - 636,000円 = 974,000円$$

住民税 ＝ 所得割額 ＋ 均等割額

所得によって納税額が変わる

同じ自治体に住む納税者が同額を納税する

※復興特別所得税を除く

2 10 住民税が天引きされるのは、入社2年目から

　会社員の場合、住民税をいくら払っているのかは、所得税よりもピンとこないと思います。というのも、**住民税は、私たちの目に見えないところで手続きが行われている**からです。

　会社で年末調整をしたり、所得税の確定申告をしたりすると、その情報は税務署から地方自治体に引き継がれます。その後、地方自治体は住民税を計算して、個々人の勤務先に通知をします。その結果に基づいて、勤務先が給料から住民税を天引きして、本人に代わって納税をしているのです。

　このような住民税の納税方法を**特別徴収**といいます。所得税の源泉徴収と同じようなしくみと考えてください。

　ただ、所得税の源泉徴収と住民税の特別徴収には、1つ大きな違いがあります。**「納税のタイミング」**です。

　所得税は、毎月の収入などに応じて源泉徴収が行われます。たとえば2021年1月から12月に源泉徴収をされるのは、2021年分の所得税です。

　一方、**住民税は「前年の所得金額」に基づいて、6月以降に特別徴収が行われます。**たとえば「2020年分の住民税」は、「2021年6月〜2022年5月の給料」から差し引かれるのです。

　この違いが影響するのが、「最初に就職をした年」です。

会社員のための節税ワザ 2

　入社をしたときは、住民税の基礎となる「前年の所得」がありません。ですから、住民税の特別徴収は行われないのです。

　入社した年の翌年6月から、特別徴収がスタートします。

　このような理由から、多少の昇給があったとしても、**多くの会社員の場合、入社2年目の6月以降は、1年目よりも手取り収入が少なくなってしまうのです。** でもこれは、どうしようもないのです。

所得税と住民税の徴収時期
（2020年4月に入社した場合）

2 11 退職するなら、住民税に要注意！

　住民税の納税は、「所得を稼いだ年の翌年6月以降」です。ということは、会社を退職するときに注意が必要です。**退職をすると、前年分の住民税の問題が出てくる**のです。

　たとえば、2021年3月末に退職したとしましょう。

　この場合、2019年分の住民税の一部（2021年4月〜5月に特別徴収されるはずだった分）が未納状態なので、退職時に自ら納める必要があります。

　そして、2020年分の住民税は、本来であれば2021年6月〜2022年5月に特別徴収されるはずでしたが、退職をしたら特別徴収ができません。そのため、退職をしたあと、自分で納めることになります。

　転職や独立などで一時的に収入が減る場合、この点に気をつけなくてはいけません。

　十分な収入がない時期に、前職の収入に対する住民税を支払うことになるからです。

　退職後の生活費や独立資金として使うつもりだったお金が、住民税でなくなってしまうこともあり得ます。

　退職を考えるときは、住民税の支払いがどれくらい必要なのかを確認しておくと安心です。

会社員のための節税ワザ **2**

　毎年6月ごろに届く**住民税の通知書**を保管して、退職後にどれくらいの住民税を納めることになるのかを把握しておきましょう。

2 退職金にもしっかり 税金はかかります

12

　会社を辞めるときは、「退職金にかかる税金」についても考えておきましょう。**退職金も「個人の稼ぎ」ですから、やはり所得税や住民税がかかります。**

　また、退職金の場合は給与所得ではなく、**退職所得**もしくは**雑所得**として課税されます。一括で受け取るときは退職所得、分割払いなら雑所得です。

　では、まずは「一括受け取り」のケースから見ていきましょう。退職所得は、以下の計算式で求めます。

> **退職所得 ＝ （退職金 － 退職所得控除）× 1 ／ 2**

　退職所得控除は、勤続年数にしたがって、以下の計算式で求められます。

> **勤続20年以下：40万円 × A**
> **勤続20年超：800万円 ＋ 70万円 ×（A－20年）**
> ※A＝勤続年数

　たとえば勤続40年で退職をしたとすると、退職所得控除額は

> **800万円＋70万円×（40年－20年）＝ 2,200万円**

会社員のための節税ワザ 2

となり、退職金が2,200万円以内であれば、税金はかかりません。

この場合、退職金が2,200万円を超えたら、超えた金額の1／2に、所得税として5%〜45%、住民税として通常10%の税率が適用されます。

なお、**令和4年以降は、勤続5年以下で退職金を受け取る場合、退職金から退職所得控除額を差し引いた残額のうち、300万円を超える部分については1／2を掛けられなくなります。** 短期間で転職をしてたくさんの退職金を受け取る場合、所得税や住民税が多めになるということですから、注意が必要です。

ちなみに、会社を退職する際、会社にあらかじめ**退職所得の受給に関する申告書**という書面を出しておくと、適正な金額で所得税の源泉徴収が行われます。

この書面を出さずに退職をすると、一律で退職金の約20%の所得税が源泉徴収されてしまいます。

申告書は国税庁のホームページからダウンロードできる！

2 13

退職金は**一括**で 受け取るのが賢い！

　会社によっては退職金を一括ではなく、分割払い（**年金方式**）で受け取ることができます。

　この場合、**退職所得ではなく雑所得となるので、税金の計算方法が大きく変わります。**

　退職金が雑所得として扱われるときは、厚生年金などの公的年金と合わせて、以下の計算が行われます。

> **雑所得 ＝ 退職金 － 公的年金等控除**

　公的年金等控除は、給与所得控除のように収入金額に応じて計算されます。

　公的年金控除の金額は、右ページの表をご確認ください。

　たとえば65歳未満の人が、1年間に公的年金100万円と退職金の分割金100万円（計200万円）を受け取る場合、公的年金控除は

> **2,000,000円 × 75％ － 275,000円 ＝ 1,225,000円**

です。この場合、雑所得は差し引き（200万円－122万5,000円）の77万5,000円が課税対象となります。

　退職金を一括で受け取るか、分割で受け取るかを選択できるのであれば、一括をお勧めします。

会社員のための節税ワザ 2

　なぜなら、一般的に公的年金控除よりも、退職所得控除のほうが大きくなるからです。

　また、**退職金を分割で受け取ると、毎年確定申告をすることになるので面倒です**。「一括で受け取るとすぐに使い切ってしまいそう」といったよほどの事情がなければ、退職金は一括受け取りを選ぶのが無難です。

年金を受け取る人の年齢	公的年金等の収入金額の合計額	割合	控除額
65歳未満	（公的年金等の収入金額の合計額が1,100,000円までの場合は所得金額はゼロになる）		
	600,001円から1,299,999円まで	100%	600,000円
	1,300,000円から4,099,999円まで	75%	275,000円
	4,100,000円から7,699,999円まで	85%	685,000円
	7,700,000円から9,999,999円まで	95%	1,455,000円
	10,000,000円以上	100%	1,955,000円
65歳以上	（公的年金等の収入金額の合計額が1,100,000円までの場合は所得金額はゼロになる）		
	1,100,001円から3,299,999円まで	100%	1,100,000円
	3,300,000円から4,099,999円まで	75%	275,000円
	4,100,000円から7,699,999円まで	85%	685,000円
	7,700,000円から9,999,999円まで	95%	1,455,000円
	10,000,000円以上	100%	1,955,000円

※公的年金等に係る雑所得以外の所得に係る合計所得金額が1,000万円以下

退職金は一括で受け取ったほうが税金の面で有利になることが多い！

4～6月に残業すると損をする？

さて、ここまでで所得税と住民税の基本的なルールがわかりましたね。それでは、会社員の人が毎月手渡されている**給与明細**の読み方をレクチャーしていきましょう。

給与明細に書かれている情報は大きく「**支給額**」「**勤怠実績**」「**控除（天引き）**」の3つです。右ページにサンプルの給与明細を記載していますので、それを参照しながら読んでみてください。

さて本書のテーマは節税なのでちょっと脇道にそれますが、税金と同じように給料から天引きされる**社会保険料**についても理解を深めておきましょう。

会社員が負担する社会保険料のうち、おもなものが**健康保険料**と**厚生年金保険料**です。さらに40歳以上になると**介護保険料**も徴収されます。

これら3種類の社会保険料は、**標準報酬月額**という数値に基づいて算定されます。これは原則、**毎年4～6月の3か月分の給料の平均値から割り出されるもの**です。その年の9月以降、原則1年間の健康保険料などに影響します。

ここでポイントとなるのが、所得税や住民税が1年間の所得がベースになっているのに対し、**標準報酬月額は3か月間の収入がベース**という点です。

会社員のための節税ワザ **2**

　つまり、**4〜6月に残業をたくさんして残業代が増えると、標準報酬月額が高くなり、社会保険料もたくさん払わなければいけなくなる**、ということですね。

　健康保険料などを抑えたいのであれば、この3か月間は残業を控えるといいでしょう。

　ただ、**標準報酬月額が上がることは、必ずしも悪いことではありません。** 標準報酬月額が高いと、将来受け取る厚生年金も比例して高くなるからです。

支給	基本給	時間外労働手当	超過勤務手当		
	210,000円	18,000円	12,000円		
	資格手当	住宅関連手当	通勤手当		総支給額
	5,000円	25,000円	10,000円		280,000円

控除	健康保険	介護保険	厚生年金	雇用保険	社会保険合計
	13,958円	0円	24,464円	1,350円	39,772円
	所得税	住民税	税額合計		総控除額
	5,890円	15,308円	21,198円		60,970円

勤怠	労働日数	出勤日数	有給休暇日数	慶弔休暇日数	
	20	20	0	0	
	欠勤日数			時間外労働	
	0			9:00:00	

集計	総支給額	総控除額			差引支給額
	280,000円	60,970円			219,030円

健康保険、介護保険、厚生年金は、
4〜6月の所得で変わる！

2 雇用保険料は毎月変更される

最後に、**雇用保険料**についても説明しておきます。これは失業したときに給付される失業給付金などに活用されているもので、給与や賞与のほか、通勤手当や家族手当なども含んで計算されます。

また雇用保険料は、支払いのたびに計算されるのが特徴です。税や社会保険料の金額は一度決まれば基本的に1年間変わりませんが、**雇用保険料は賃金に動きがあればすぐに反映されます。**

たとえば残業代が多くなれば、その月の雇用保険料は増えます。会社に近いところに引っ越して通勤手当が減れば、雇用保険料は減ります。

このように雇用保険料はリアルタイムに収入などが反映されるので、節約できる余地はないのですが、その分、受けられるサービスはきちんと受けることを意識することが大切です。

まずは退職をしたときに受けられる**失業保険**。さらにハローワークによる**教育訓練**や**就職支援**、60歳以上65歳未満の人を対象とする**高年齢雇用継続給付金**など、雇用保険にはさまざまなメリットがあります。

雇用保険料に限ったことではありませんが、**給料から差し引かれている税金や社会保険料が、なにに使われているのかを知り、自分が利用できる補償などがあれば、積極的に活用しましょう。**

第3章

「ビジネスや副業で稼ぐ」ときの
節税ワザ

3①
副業で稼ぐと「事業所得」か「雑所得」になる

　第2章では会社員の税金について説明しました。年末調整の書類をちゃんと出すとか、退職金は一括で受け取るなどちょっとしたコツはありますが、56ページで説明したように、会社員は源泉徴収という制度で所属している会社が税務のことをまとめてやってくれるので、ラクな部分が多いのです。

　最近は会社員でも副業を許すところが多いですが、副業としてフリーランスの仕事などをすると、途端に税金の計算が複雑になります。というのも、**日本の所得税や住民税は「所得の種類」によって計算の仕方が変わる**という特徴があるからです。

　たとえば同じ100万円を稼ぐにしても、給料でもらうのか、ビジネスで稼ぐのか、投資で稼ぐのか、といった状況によって、所得の種類は変わります（右ページの表を参照）。

　これらの所得のうち、副業で得た所得は**雑所得**という扱いが一般的ですが、**事業所得**となる可能性もあります。事業所得と雑所得の違いを判断するのは難しく、「いくら以上稼いだら事業所得」といった明確な基準がありません。基本的には、

> **安定的にある程度の収益を得られるような仕事＝事業所得**
> **たまにお小遣い稼ぎをするような仕事＝雑所得**

「ビジネスや副業で稼ぐ」ときの節税ワザ **3**

といったイメージで考えてください。

　もし、起業や副業が事業所得に当てはまるなら、開業日から1か月以内に、所轄税務署に**「個人事業の開業・廃業等届出書」**（以下**「開業届」**）を提出しておきましょう。開業届を出すことで、税務署に対して、「事業所得を得ている」と知らせ、のちほど説明する**青色申告**（98ページ）などで節税できます。

税金の世界では「所得」はこんなふうに分けられる

利子所得	公社債や預貯金の利子、貸付信託や公社債投信の収益の分配などから生じる所得
配当所得	株式の配当、証券投資信託の収益の分配、出資の剰余金の分配などから生じる所得
不動産所得	不動産、土地の上に存する権利、船舶、航空機の貸付けなどから生じる所得
事業所得	商業・工業・農業・漁業・自由業など、事業から生じる所得
給与所得	給料・賞与などの所得
退職所得	退職によって受ける所得
山林所得	5年を超えて所有していた山林を伐採して売ったときなどの所得
譲渡所得	事業用の固定資産や家庭用の資産などを売った所得
一時所得	クイズの賞金や満期保険金などの所得
雑所得	公的年金、原稿料や印税、講演料などのように、他の9種類の所得のどれにも属さない所得

副業の場合は「事業所得」か「雑所得」のどちらかになる！

3² 副業を「事業所得」にできれば本業の節税が可能！

　所得税や住民税の節税面で比較すると、**雑所得よりも事業所得のほうが有利です。**　その理由は大きく2つあります。

　まずは**青色申告**（98ページ）という制度を利用できる点です。青色申告には、節税効果のある優遇措置がいくつか用意されています。でも雑所得だと青色申告を利用できないので、事業所得よりも税金が高くなりがちなのです。

　また、「赤字を**損益通算**できる」というのも事業所得のメリットです。たとえば給与所得500万円の人が、事業所得で200万円の赤字を出したケース。ここで確定申告をすると、2つの所得が相殺され、所得金額300万円として税金を計算できます。副業が雑所得の場合、これはできません。

　ただし、ここで注意したいことがあります。毎年毎年、事業所得の赤字を確定申告して、給与所得などと相殺していると、税務署から**「これ、事業所得じゃなくて雑所得ですよね？」**と判断される可能性があるのです。

　事業所得の赤字申告が認められているとはいえ、あまりに続くと、税務署から**「何年も赤字続きなのはおかしい」「節税目的で事業所得と装っているのでは？」**と疑われてしまうのです。

84

「ビジネスや副業で稼ぐ」ときの節税ワザ 3

事業の収入を「事業所得」にできたときの 2大メリット

❶ 青色申告が使える！

 事業所得 ○ ／ 雑所得 ×

事業所得だけが税の優遇措置のある「青色申告」を使える！

❷ 赤字を損益通算できる！

給与所得 500万円

－300万円 事業所得

↓

2つの所得を相殺して「所得300万円」で税金を計算できる！

※ただし、事業所得で毎年大量の赤字を出し続けていると、税務署から「これは事業所得ではなく雑所得ではないか」と判断されることがあります

3 事業所得には デメリットもある

　さて前ページで「事業所得は雑所得よりも有利」と説明しましたが、逆に不利となることもあります。まず、事業所得に対しては地方税の1つで**事業税**がかかる点です。

　事業税の基本的な計算方法は、**事業所得のうち290万円を超えた金額に対して、一定の税率を掛ける**というものです（青色申告の場合など、ボーダーラインが290万円より上がることもありますが、ひとまず290万円だと思っておいてください）。

　事業税の税率は業種によって違います。たとえば東京都で物品販売業を営んでいた場合、税率は5％です。逆に、**文筆業のように事業税が一切かからない業種もある**ので、あらかじめ自分がどの業種に当てはまるのかを確認しておきましょう。

　事業税は、事業所得を基準に計算されるので、雑所得に対してはかかりません。したがって、この点では雑所得のほうが有利ということになります。

　もうひとつ、事業所得のデメリットとして **「確定申告が面倒」**という点も挙げられます。雑所得の場合、1年分の売上と必要経費を集計して、その金額をまとめて確定申告書に記載するだけです。でも事業所得の場合、確定申告書とは別に、売上や必要経費の内訳をまとめた書面を提出する必要があります。

「ビジネスや副業で稼ぐ」ときの節税ワザ 3

区分	税率	事業の種類			
第1種事業 **（37業種）**	5%	物品販売業	運送取扱業	料理店業	遊覧所業
		保険業	船舶定係場業	飲食店業	商品取引業
		金銭貸付業	倉庫業	周旋業	不動産売買業
		物品貸付業	駐車場業	代理業	広告業
		不動産貸付業	請負業	仲立業	興信所業
		製造業	印刷業	問屋業	案内業
		電気供給業	出版業	両替業	冠婚葬祭業
		土石採取業	写真業	公衆浴場業 （むし風呂等）	
		電気通信事業	席貸業	演劇興行業	
		運送業	旅館業	遊技場業	
第2種事業 **（3業種）**	4%	畜産業	水産業		薪炭製造業
第3種事業 **（30業種）**	5%	医業	公証人業	設計監督者業	公衆浴場業 （銭湯）
		歯科医業	弁理士業	不動産鑑定業	歯科衛生士業
		薬剤師業	税理士業	デザイン業	歯科技工士業
		獣医業	公認会計士業	諸芸師匠業	測量士業
		弁護士業	計理士業	理容業	土地家屋 調査士業
		司法書士業	社会保険労務 士業	美容業	海事代理士業
		行政書士業	コンサルタン ト業	クリーニング 業	印刷製版業
	3%	あんま・マッサージ又は指圧・はり・きゅう・ 柔道整復その他の医業に類する事業			装蹄師業

※文筆業、マンガ家、画家、芸能人、スポーツ選手、ミュージシャンなどは基本的に事業税がかかりませんが、これらの業種でも「請負業」だと判断されると、事業税がかかる場合があります。

「収入」と「所得」は なにが違うのか？

　税金にまつわる専門用語には、わかりにくいものが少なくありません。そのひとつが、**収入**と**所得**です。

　本書でも、これまでにこの2つの言葉は出てきていますが、あえてくわしく説明しませんでした。

　というのも、会社員の給与所得や退職所得の場合、収入金額に応じてほぼ自動で所得金額が決まるので、収入と所得の違いをそこまで意識する必要がないからです。

　でも、**副業などで事業所得や雑所得がある人は、この2つの違いを正しく理解しておく必要があります。**

　まず、収入とは**売上金額**を指します。必要経費などを引く前の、純粋な売上高を1年分合計したものが収入です。

　この収入から「必要経費」を差し引くと、所得（事業所得または雑所得）が出てきます。式にすると以下のような感じです。

> **収入 － 必要経費 ＝ 所得**

　事業所得の場合、さらに**特別控除**というものを引ける可能性がありますが、まずは「所得≒利益」というイメージをもっておけばOKです。

　事業所得や雑所得にかかる税金を考えるときは、収入ではなく「所

得」に目を向けるのがポイントです。

　極端な話ですが、収入金額が1億円あっても、必要経費が1億円を超えれば、所得はマイナスですから税金はかかりません。

　収入金額自体は、所得税や住民税に影響しないので、所得金額に目を向けるようにしましょう。

3⁵ 副業で経費にできるもの、できないもの

　事業所得や雑所得がある人は、**必要経費**をきちんと計上すると、所得税や住民税の節税につながります。その一方で、必要経費に認められない費用もあるので、そうした費用を誤って計上しないことも大切です。

　税法のルールを簡単に説明すると、**必要経費として認められるのは、「売上を得るための費用」や「業務を行う上で必要な費用」**です。一般的には次ページのような費用が認められます。

　必要経費を支払ったら、確定申告をするのはもちろん、レシートや領収書をきちんと保管しておくようにしましょう。税務署から提示を求められる可能性があるからです。

　確定申告のときは必要経費の金額を自己申告するだけでいいので、レシートなどを提出することはないのですが、あとから提示できないと、必要経費を取り消されることがあります。

　ちなみに、「税務署はレシートだと認めてくれない」「必ず領収書が必要」と思い込んでいる人もいるようですが、**領収書ではなくレシートでもまったく問題ありません。** 要は、必要経費と判断できるだけの情報が記録されていればいいのです。

　ただ、レシートや領収書をとっておけば、それだけで安心かというと、そうとも限りません。

「ビジネスや副業で稼ぐ」ときの節税ワザ **3**

レシートや領収書は、いつ、いくら、だれに対してお金を払ったという証明にはなりますが、「なんのために払ったのか」という点では不十分なケースがあるからです。

たとえば、飲食費のレシートだけでは、プライベートで利用したのか、仕事目的なのかがハッキリしません。このような場合、**レシートと合わせて、だれが同席し、どのような目的の飲食だったのかをメモしておくと、税務署に対して説明しやすくなります。**

科目	内容等
旅費交通費	取引先へ移動するための交通費（電車、バス、タクシー、高速道路料金）、出張旅費や宿泊費など
通信費	業務で使用する携帯電話、固定電話、切手、はがき代など
接待交際費	取引先との打ち合わせのための飲食代、取引先に対する慶弔見舞金、お土産代など
損害保険料	業務で使用する車などの保険料（任意、自賠責保険）など
消耗品費	事務用品（営業用かばん、名刺、封筒）の購入費用など
会議・研修費	打ち合わせ等で使用したレンタルスペース料、会議にともない支出する費用、業務で使用する書籍、地図、資格試験料など
車両・燃料費	業務で使用する車のガソリン代、駐車場代、自動車修理代、車検費用など
事務所経費	事務所の家賃、水道光熱費など
租税公課	業務で使用する車の自動車税、自動車取得税、自動車重量税、組合費など
広告宣伝費	チラシ代など
仕　入	販売用の商品の購入費用や原材料費
外注工費	知人に仕事依頼したときの依頼料など
修繕費	業務で使用するパソコンの修理費用など
減価償却費	減価償却費の計算明細書などで計算
雑　費	上記に当てはまらない費用

3⁶ 自宅で副業をしている場合、家賃を経費にできる？

　自宅で仕事をするなら、家賃や通信費、電気代などの一部を必要経費にすることができます。ただし、だからといって暮らしている部屋の家賃の全額を経費として申請すると、税務署から是正を求められることがあるので気をつけてください。

　というのも、仕事とプライベートを兼ねた費用は**家事関連費**といい、じつは「必要経費にできない」のが原則だからです。ただ、**「業務遂行上直接必要であったことが明らかに区分できる場合」に限っては必要経費にできる**というルールがあります。

　たとえば「家賃のうち50％は業務のために必要」ということであれば、家賃の50％を必要経費にできるというわけです。この割合を**事業割合**といいます。

　事業割合の計算に、はっきりしたルールはありません。ですから、ある程度自由に理屈を立てることができます。ただし、その理屈は、確定申告をする人自身が、状況に合わせてしっかり考えなくてはいけません。

　たとえば家賃の場合、「仕事に使うスペース」と「それ以外のスペース」を分けて、その**床面積の割合で計算するのが一般的です。**

　あるいは「平日の9時から17時は仕事に使っている」ということであれば、**使用時間に着目して事業割合を計算する方法**も考えられ

ます。

　家賃のほかにも、インターネット代や電話代、電気代など、家事関連費はいろいろありますが、それぞれ、実情に合った事業割合を考えてください。

　ちなみに、ぶっちゃけた話をすると、**事業割合について税務署から「こう計算すべき」と指摘されることはあまりありません。** 明確なルールがないので、税務職員も指摘しにくい点なのです。

　とはいえ、さすがに家賃の100％を必要経費にすると「必要経費が過大」と見られるのは明らかですから、やめておきましょう。

マイホームで副業をしている場合、経費計上は慎重に

3 **7**

　持ち家で仕事をするときも、居住費などの一部を必要経費にすることができます。具体的には、建物の価格などに応じた減価償却費、ローンの利子、固定資産税などに、事業割合を掛けた金額です。ただ、住宅ローンの返済額のうち、元本にあてられる金額は必要経費になりません。

　このように、**持ち家でも必要経費を計上することは可能なのですが、賃貸の場合よりもかなり慎重に考える必要があります。**というのも、節税のために必要経費を増やそうとした結果、むしろ税金が増えるリスクがあるからです。

　税金の制度には、"居住用だからこそ"受けられる特例が複数存在します。たとえば**住宅借入金等特別控除（住宅ローン控除）**です（48ページ）。

　住宅ローン控除は、年末時点で残る住宅ローン残高に応じた金額を所得税から差し引くことのできるもので、会社員でも受けられる節税メリットが大きな特例です。

　ところが、**自宅の一部を業務用にしてしまうと、住宅ローン控除の節税メリットが減ってしまいます。**　仮に本来の住宅ローン控除の金額が10万円で、自宅の30％を業務用とした場合に、住宅ローン控除は10万円×70％＝7万円に減少します。

さらに、住宅ローン控除には、**「床面積の2分の1以上が専ら自己の居住の用に供される家屋である」**という条件があります。つまり、必要経費を増やそうと、自宅の半分超を業務用にすると、住宅ローン控除はゼロになってしまいます。

そもそも、住宅ローンは、住宅用の土地家屋を買うことを目的とするローンです。にもかかわらず**勝手に住居の一部を店舗や事務所にすると、住宅ローンのルールに違反します。**このことがバレると、ローンの一括返済を求められるリスクもあります。

また、マイホームの一部を事業用としてしまうと、自宅を売却するときに影響が出る可能性もあります。**自宅を売却したときに使える特例が、自宅の一部を業務用にしたことで使えなくなる可能性があるのです。**

いずれ自宅を相続したり、**生前贈与**（224ページ）をしたりするときにも、同じく「居住用かどうか」によって税金の取り扱いが変わることがあります。

こうしたさまざまな影響があるので、**持ち家の一部を事業用にする場合は、自分だけで決めるのは危険です。**税理士に相談するなどして、慎重に考えてください。

> 持ち家を経費にするといろいろ問題あるかも……

3⁸ 会社にバレずに副業する方法

　副業を始める人が増えていますが、なかには「人に知られずに副業をしたい」という人もいるのではないでしょうか。このときに注意したいのが、自ら明かさずとも、**税金の手続きを通じて知られる可能性がある**ということです。

　まずは第2章のおさらいですが、1月1日から12月31日までの1年間に、給与所得や退職所得以外の所得が20万円を超えた場合、原則として**確定申告**が必要になります。

　問題はこのあとです。税務署に提出された確定申告の情報は、その人の住まいの地方自治体に引き継がれます。

　そして、地方自治体で算定した住民税額が、「**主たる給与の支払を受けている勤務先**」を通じて徴収される流れになっています。一連の手続きによって、「副業の所得が反映された住民税の情報」が、本業の勤務先に伝わり、勤務先に副業をしていることがバレてしまうわけです。

　ただし、対策がないわけではありません。確定申告を行う際に、確定申告書第2表にある「**住民税・事業税に関する事項**」という欄で、住民税の徴収方法として、「**自分で納付する**」という選択が可能です。こうしておけば、副業にかかる住民税の通知は勤務先ではなく自宅に届きますから、副業がバレる事態を防げます。

なお、この対策は、副業として事業所得や雑所得を得る人が使える方法であり、複数の会社で働くような副業には使えません。つまり、副業としてコンビニでアルバイトをしたりして、2つ目の給与所得を得ている人は使えないのです。

確定申告書第2表で「自分で納付」を選べるのは、「給与・公的年金等以外の所得」という制限があるからです。

副業で給与所得を稼ぐと、その情報は「主に収入を得ている勤務先」に通知されてしまいます。

いずれにしても、**副業禁止の会社で副業をすると、就業規則違反などの問題になりかねません。** 事前に社内の就業規則を確認し、副業の許可を申請する必要があれば、ルールにしたがっておくのが無難です。

確定申告のとき、上のマルのところをチェックしておけば、副業が会社にバレることはなくなる！

※事業所得、雑所得の場合に限る

3⁹ 白色申告と青色申告の違い

　82ページでも説明しましたが、副業として事業所得を得て確定申告するなら、**青色申告**を利用することをお勧めします。

　青色申告は「事業所得」「山林所得」「不動産所得」の3つの所得だけに認められている制度で、ちょっと面倒な手続きなどが必要ですが、大きな節税効果を期待できます。私自身、フリーライターとして独立してすぐに青色申告の届け出をしていたので、**毎年数十万円単位の税金を節約できています**。

　青色申告について、国税庁では次のように説明しています。

> **「一定水準の記帳をし、その記帳に基づいて正しい申告をする人については、所得金額の計算などについて有利な取扱いが受けられる青色申告の制度があります」**

　要するに、きちんと帳簿をつけ、正しく確定申告する人には、税金面でメリットがあるということです。

　青色申告を利用するには、「**青色申告承認申請書**」という書面を所轄の税務署長に提出し、承認を受ける必要があります。この手続きをしないと、**白色申告**という基本的な方式で確定申告をすることになり、青色申告の節税メリットは受けられません。

　そして、青色申告の承認を受けたら、正規の会計のルールにのっ

とって帳簿を作成することが必要です。具体的には、単式簿記ではなく、**複式簿記**で記帳をしなくてはいけません。

単式簿記の場合、「1年間の売上が100万円で、必要経費が30万円だから、所得は70万円です」という方法で帳簿をつけます。イメージとしては、子どものお小遣い帳に近いです。

しかし複式簿記の場合、売上と必要経費だけでなく、財産や借金などのお金の動きも管理する必要があります。そして、最終的に**損益計算書**と**貸借対照表**に1年間の取引の結果をまとめます。

これだけを聞くと青色申告はハードルが高いと思われるかもしれません。でも、**昨今は会計ソフトが進歩していて、自分だけで複式簿記の記帳をすることは、決して難しくはありません。**

青色申告の節税メリットは次の項目でくわしく説明しますが、毎年積み重ねると、かなりの節税効果を期待できます。事業所得を得る人は、ぜひ青色申告にチャレンジしてください。

3 ⑩ 青色申告で所得が毎年65万円減らせる（青色申告のメリット1）

　ここから、青色申告のメリットのうち代表的な3つを紹介します。

　まずは、**青色申告特別控除**です。これは**年間で最大65万円の特別控除を受けられる**というもので、所得税だけでなく、住民税や事業税、国民健康保険料を下げる効果があります。

　具体的な節税効果は、65万円に税率を掛けると計算できます。所得税と住民税を合計して30％の税率とすると、

$$65万円 \times 30\% = 19万5{,}000円$$

が1年あたりの節税効果です。

　ただし、**青色申告特別控除には、10万円、55万円、65万円の3パターンが存在します。**

　最高額の65万円の特別控除を受けるには、次ページにまとめた条件をすべて満たす必要があります。

　青色申告特別控除の節税効果が高いのは、**「実際にお金を払っていないのに、所得を減らせる」**という点に尽きます。

　よく、「節税のためにパソコンを買う」といった話があります。パソコンの購入費を必要経費にして、その分だけ所得を減らそうと

いうことですね。でも、この方法だと、たしかに所得が減って税金は減りますが、それ以上にパソコンのためにお金を払うことになります。

青色申告特別控除は、そのようなデメリットは一切なく、手元のお金を減らさずに節税効果を受けられるので、安心です。

青色申告特別控除を受けるのに必要な 6つの条件

1 現金主義の適用を受けていない

2 正規の簿記の原則に従って記帳し、その記録に基づいてその年12月31日現在の貸借対照表が作成されている

3 確定申告書に、「65万円の特別控除の適用を受けること」「その適用を受けての所得計算」を記載している

4 確定申告書に貸借対照表、損益計算書、所得の金額の計算に関する事項を記載している

5 確定申告書をその提出期限までに提出している

6 電子申告（e-Tax）または電子帳簿保存を行っている

3 11 家族に払った給料を全額必要経費にできる（青色申告のメリット2）

　ここでは青色申告の2つめのメリット「**青色事業専従者給与**」を説明します。

　これは、「**家族に支払う給料を全額必要経費にできる**」という特典です。じつは、青色申告でなければ、家族への給与は一定額までしか必要経費に認められません。

　個人でビジネスをしていると、家族に仕事を手伝ってもらうこともあるでしょう。私もフリーライターとして独立してからは、妻に事務作業の一部を手伝ってもらっています。ここで給料を支払ったことで、節税につながりました。

　たとえば、**家族に毎月8万円の給料を払うとしましょう。すると年間96万円の必要経費が増えます。**しかも、ふつうの従業員に支払った給料と違って、青色事業専従者給与は家族に払うわけですから、支払ったお金をその後生活費として使ってもまったく問題ありません。

　青色事業専従者給与を利用するには、「**青色事業専従者給与に関する届出書**」を事前に提出する必要があります。

　この書面に、給料の金額や支払うタイミングなどを記載し、そのとおりに給料を支払わないと必要経費にできないので注意してください。

そのほかの注意点としては、**働きに見合わない過大な給料に設定してはいけません。** 過大な金額は必要経費として認められないので、時給から計算するなどして、一般的な金額設定にします。青色事業専従者給与を上げすぎると、受け取った人の税金や社会保険料が増える可能性にも要注意です。

また、**ほかに本業がある家族を青色事業専従者にすることも難しい**です。青色事業専従者になるには、次の3つの条件をすべて満たす必要があります。

1　青色申告者と生計を一にする配偶者その他の親族であること。

2　その年の12月31日現在で年齢が15歳以上であること。

3　その年を通じて6月を超える期間（年の途中から従事する場合は、従事できる期間の2分の1を超える期間）、その青色申告者の営む事業に専ら従事していること。

このようにいくつか気をつけるべき点はありますが、利用できれば節税効果は大きいので、検討する価値は確実にあります。

3 12 赤字をほかの年の利益と相殺できる（青色申告のメリット3）

青色申告の3つめのメリットは、「**損失の繰越し・繰戻し**」です。こちらは、事業所得で赤字が出る可能性がある人に役立ちます。

損失の繰戻しとは、赤字を過去の年分にさかのぼって合算する方法です。

たとえば令和3年分の事業所得が100万円の赤字だった人の令和2年分の所得が300万円であれば、300－100＝200万円として所得税等を計算し直して、還付金を受け取れます。

一方、**損失の繰越し**は「**未来に向けて損失を送る**」ということ。翌年以降、最長3年間赤字を繰り越すことができます。**令和3年分から繰越した赤字があれば、これを令和4 ～ 6年分の確定申告に活用できる**ということですね。

損失の繰戻しや繰越しが活きるのは、初期投資の多い、あるいは毎年の業績が大きく変わるビジネスです。

たとえばお店を開くなど、創業当初に出費が重なるケースでは、出費をした年に十分に利益が出ないことが一般的でしょう。

そうしたときに損失の繰越しをしておけば、その後、**利益が出たタイミングで過去の赤字を活かして節税できます。**

事業所得の赤字を申告することは、ある意味で保険になります。

「ビジネスや副業で稼ぐ」ときの節税ワザ 3

もし赤字が出たのなら、とりあえず確定申告をしておけば、将来的に利益が出て所得税や住民税が増えるリスクを軽減できるのです。

3 副業などを「法人化」する ベストタイミングとは？

13

　個人事業主としてビジネスが順調だと、いずれ「**法人化**すべきか？」という問題にぶつかります。法人化というのは要するに、会社にするかどうか、ということです。

　法人化すると、税金や社会保険料を抑えられる可能性があります。しかし、所得がどのくらいになったら法人化すべきかは議論があるところです。

　よく聞かれるのが、「年収1,000万円になったら法人化すべき」というものです。その理由は**所得税と法人税の税率構造の違い**によります。

　個人の所得税は、5.105 〜 45.945％の累進税率で、所得が増えるほど税率が上がります。しかし法人税は、一般的な会社であれば年800万円以下の所得に対して15％、年800万円を超えた部分は23.2％で、それ以上は上がりません。

　そして、個人の所得が1,000万円ともなると、**所得税の税率は33％ですから、法人税の最高税率23.2％よりも高くなります。**このような理由から、「年収1,000万円」が法人化の目安とされていると推測します。

　しかし、**私は「年収1,000万円で法人化すべき」という意見に同意できません。**

「ビジネスや副業で稼ぐ」ときの節税ワザ 3

　というのも、税金は所得税と法人税だけでなく、住民税や事業税、消費税などがあり、これらも法人化の影響を受けるからです。さらに、健康保険や年金などの社会保険料への影響も考える必要があります。

　そもそも、**法人化しても、その会社から社長個人に役員報酬を支払えば、それに対して所得税や住民税、社会保険料がかかります。**つまり、役員報酬の設定次第で、さらに税金や社会保険料の負担は変わるということです。

　私の考えでは、このようないろいろな影響を検討せず「年収1,000万円になったから法人化」と決断することは勧めません。**個人の確定申告書よりも、法人の申告書のほうが、作成が難しく、手間がかかりますしね。**

　法人化をするなら税理士に相談して、**「確実に損はしない」**というタイミングで進めるようにしてください。

年収1,000万円を超えたからといって、安易に法人化するのは危険！

3 個人が納税するときの 4つの方法

　再び個人の税金の話にもどります。副業の確定申告をすると、納税が必要になることがあります。このとき、**「自分で納税手続きをする」**ということを意識してください。確定申告の期限は**毎年3月15日**（休日の場合は翌平日）ですが、同じ日が納税の期限になっています。

　私が税務署の職員だったころ、「確定申告書を出したから、税務署から納付の案内が来ると思って待っていた」という人がいましたが、**そのような案内はありません**。税務署から案内が来るとしたら、期限をすでに過ぎて「督促」が来るケースです。

　ですから、期限までに納税手続きをすることになります。このときの手続きに複数のやり方があるので、説明します。

1　窓口納付

　昔ながらの納税方法です。納税する金額を「納付書」に記載し、現金と合わせて金融機関や税務署の窓口に持参して、納税手続きが完了します。

　30万円以下の税額であれば、税務署で**「コンビニ納付用の納付書」**を発行してもらうこともできます。

「ビジネスや副業で稼ぐ」ときの節税ワザ **3**

2 振替納税

　銀行口座から税額を自動引き落とししてもらう方法です。ただし、**引き落とし日は3月15日ではありません。** 年によって若干変わりますが、4月20日ごろに引き落とされるので、納税に若干の猶予ができます。

　振替納税をするには、納税の期限日までに「**預貯金口座振替依頼書**」という書面を税務署に提出しておく必要があります。

3 インターネットで納税

　納税者名義の預貯金の口座やインターネットバンキングから納税をする方法です。自宅から納税できる点は便利ですが、事前に**e-Tax（国税電子申告・納税システム）**の利用開始手続きなどが必要となります。

4 クレジットカード納付

　ご自身のクレジットカードで納税をする方法です。「**国税クレジットカードお支払サイト**」という専用サイトで手続きをします。

　クレジットカードの規定によってポイントがつくのがメリットですが、**納税額1万円あたり83 〜 84円の手数料がかかる**点がネックです。ポイントの還元率の高いクレジットカードを使うようにしましょう。

3 15 正しく申告しないと発生しうる 3つのペナルティ

　確定申告には期限があり、期限内に正しい内容で申告をしなくてはいけません。もし期限に遅れたり、申告内容を間違えていたりすると、ペナルティがあります。

　まずは**加算税**という追徴税を説明します。加算税には次の3種類があります。

1　過少申告加算税

過少申告（本来の税額よりも少ない税額で申告）であったため、申告のやり直し（修正申告）をした場合などに課せられるもの。

2　無申告加算税

無申告（確定申告の期限までに申告していない）であったため、申告期限後に申告（期限後申告）をした場合などに課せられるもの。

3　重加算税

意図的に少ない税額で申告するなど、「仮装・隠蔽」があった場合に課せられるもの。

これらの加算税は税率が違い、**過少申告加算税は最大15％、無申告加算税は最大30％**です。実際の税率は、税務調査を受けたか、過去にも期限遅れや脱税行為があったか、といった状況により変わります。

　覚えておきたいのは、「**過少申告加算税よりも無申告加算税のほうが重い**」という点です。つまり、申告内容の間違いよりも、期限遅れに対する加算税のほうが高く設定されています。そういった意味では、どうしても期限内に正しく確定申告をできそうにないときは、仮計算でもいいので期限内に確定申告書を出しておいたほうがいいのです。

　その後、できるだけ速やかに、正しい内容で確定申告のやり直し（**修正申告**）をしてください。税務署から指摘される前に、修正申告や**期限後申告**をした場合、加算税が低くなります。

　重加算税は、なんと税額が35〜50％もアップします。たとえば、本来100万円の所得税に対して最大50万円の重加算税がかかります。脱税を疑われる行為はとてもリスクが高いのです。

申告が遅れそうなら、ちょっと間違っていてもいいからとにかく期限内に提出しよう！

3 納税が遅れると「延滞税」が発生する！

もう1つ、忘れてはならないのが**納税漏れへのペナルティ**です。たとえ確定申告が期限内にできても、納税が遅れれば**延滞税**という別の追徴税が課されます。

延滞税は、**納税が遅れた日数に応じて増えていくタイプの追徴税**です。早めに確定申告をしておくと延滞税のリスクも下げられます。最初に申告した税額が間違っていても、期限内に確定申告をして、不足分の金額を納税すれば、未納の税額を少なくすることができるからです。

たとえば、所得税80万円で確定申告をして納税をしていたとしましょう。このとき、本来の税額が100万円であれば、未納税額は20万円。**延滞税は、この20万円を基準に計算されます。**

でも、期限内にまったく申告をしていなかったら、当然納税もできませんから、結果として100万円が未納になります。すると、**延滞税は100万円を基準に計算されるのです。**

ここまでの話をまとめると、確定申告についてのペナルティには過少申告加算税、無申告加算税、重加算税があります。そして未納に対するペナルティは延滞税です。

これらのペナルティを少なくしたいなら、**期限内に確定申告をすることを徹底しましょう。**

「ビジネスや副業で稼ぐ」ときの節税ワザ 3

そのうえで、内容に自信がないなら、できるだけ早めに内容を確認して、必要に応じて自主的に修正申告してください。

いちばん怖いのは、間違えたまま放置して税務調査（114ページ）を受けるという事態です。 そうすると追徴税がかなり増え、重加算税がかかるリスクもあります。

3 「税務調査」はこんなときに やってくる！

　最後は**税務調査**の話です。副業をして事業所得や雑所得の確定申告をすると、税務調査を受ける可能性があります。

　税務調査というと「怖い」「責められる」といった印象があるかもしれませんが、税務職員に脅すつもりはまったくありません。税務調査の目的は「**不確定な情報を確認する**」ことにあります。

　たとえば事業所得の確定申告をしたとしましょう。このとき、売上金額や必要経費の内訳などの数字を税務署に知らせますが、数字の裏づけとなる領収書などはいちいち提出しません。

　ここで確定申告書をチェックして、税務職員が「売上が少なすぎないか？」「必要経費が多すぎるのでは？」といった疑念を抱くと、税務調査が行われることになります。

　とはいえ、疑わしい人に対して、すべて税務調査を行うわけにはいきません。税務職員の数にも限りがあるので、**ある程度は申告誤りが確実なケースがピックアップされます。**

　ここで活用されるのが、**国税総合管理（KSK）システム**というものです。**KSKシステムは、国税庁や全国の国税局、税務署が利用しているもので、過去の申告実績をはじめ、税務調査に活用できる情報が集約されています。** KSKシステムの情報と確定申告書の情報を照合すると、申告誤りの疑いが見えてきます。

たとえば「同業他社と比べて明らかに売上が少ない」「前年までの実績からすると、もっと所得があるはず」などがわかるのです。

また、給料や報酬などを支払っている会社は、税務署に対して**法定調書**というかたちで、支払先や支払額などの情報を報告しています。その情報もKSKシステムに登録されていますから、**「この人はA社から100万円の報酬を得ているはずなのに、その申告がない」**といった判断も可能になります。

3 18 税務調査が来たときに絶対やってはいけないこと

　税務調査にもいくつかあります。税務職員が自宅などに来る場合もあれば、逆に税務署により出される場合もあるのです。

　ただし、**いずれも事前通知の電話などがあるので、そこで日程を調整します。**都合が悪ければ先に延ばしてもらうこともできますが、間違いが判明したとき、延滞税が増えるリスクがあるので、できれば早く対応したほうがいいでしょう。

　はじめて税務調査を受ける人は緊張すると思いますが、落ち着いて対応すれば大丈夫です。**職員の求めに応じて説明をしたり、資料を見せたりするのが基本的な対応です。**問題がないことを確認できれば、調査は終了します。

　ちなみに、税務調査のとき、いきなり「○月○日の取引がおかしいですよね」といったピンポイントの質問が来ることは、ふつうありません。**まずは「確定申告に関する帳簿を見せてください」といわれます。**帳簿などの書類を職員がひととおり確認したあと、具体的な質問が来ます。

　なお、納税者本人への税務調査のあと、取引先や取引金融機関なども調べられる可能性があります。本人に聞いても欲しい情報が得られなかったときや、本人の説明が疑わしいときなどに行われるもので、**反面調査**といいます。

「ビジネスや副業で稼ぐ」ときの節税ワザ 3

　反面調査は法律で認められています。税務職員にも守秘義務があるので、反面調査の相手に必要以上のことは話しません。しかし、やはり取引先などとの関係に影響する可能性があるので、できるだけ反面調査がされないようにしたいところです。

　その意味でも、**ふだんから帳簿や領収書などの情報をきちんと整理しておきましょう。**そうすれば、いざ税務調査が行われたときにきちんと説明できます。

　いちばんやってはいけないのが、税務調査の場で慌ててウソをつくことです。**税務調査をしている時点で、税務職員はある程度の情報を調べてきているので、ウソはほぼわかります。**

　ウソをついていることがバレると、その後の反面調査などに影響し、税務調査は長期化します。場合によっては、「意図的に税金逃れをした」と判断され、重加算税が課せられることもあるのです。

117

第4章

「資産運用で稼ぐ」ときの 節税ワザ

4 ① 株式投資で儲けたら利益の 20%は税金として払う

　最近はふつうの会社員の方でも株式投資をすることが多くなりました。**投資をする場合、税金のルールを知っておくことはとても大切です。** 投資方法によって税金の損得の差が出るからです。

　どんな投資をするかによって、税金の取り扱いは変わります。最初に説明するのは**株式投資**です。

　ここでいう株式とは、証券会社で売買できる上場株式や国債、投資信託をイメージしてください。

　株式投資をして**売却益**を得ると、所得税として15.315%、住民税5%がかかります。ざっくりと**「株で儲けたら、儲けの20%は税金として払う」** と覚えておけばいいでしょう。

　もう少しくわしく説明をすると、個人が株式投資で得た売却益は**譲渡所得**という扱いになります。以下のとおり計算して、結果プラスになった場合、税額が発生します。

> 譲渡所得　＝　譲渡価額　－　必要経費
> 　　　　　　　（売却収入）　　（購入費・手数料）

　第3章までに説明してきた給与所得や事業所得、雑所得などは**総合課税**です。すべての所得をぜんぶ足し合わせてそこに、5.105〜45.945%の所得税、10%の住民税がかかるわけです。

一方、株式の売却益は**分離課税**です。つまり、ほかの所得と合算されません。そして所得税は15.315％、住民税は5％で固定されます。**ポイントは、所得税の税率が固定されている点です。**

このしくみをうまく利用すると、節税できるのです。

4 4^2 億万長者が投資をするのは理由がある

　右ページのグラフは、所得金額ごとの所得税の負担率を示しているものです。

　所得金額が1億円になるまでは、所得税の負担率は右肩上がりになっていますね。これは、所得の多い人ほど税率が高くなる**累進税率**が作用しているからです。

　ところが、**所得金額が1億円を超えると、逆に所得税の負担率が下がっていきます。**　そして、所得税の負担率と反比例して、株式投資の譲渡所得が増えています。

　このグラフを見てわかるのは、**億万長者とよばれるようなお金持ちは、給与所得や事業所得よりも、株式投資などで稼いでいる**ということです。なぜかというと、このレベルになると、事業所得で稼ぐより、投資で稼いだほうが、税負担が軽くなることをみんな知っているからです。

　事業所得で年に数億円を稼ぐようになると、所得税と住民税で税率は50％以上になります。でも、投資だったらいくら稼いでも税率は20％なわけですから、それだけ税負担が軽くなるということですね。

　もちろん、株式投資は株価が下がって損をするリスクもあるので、そんなに気軽に勧めるわけではありません。しかし、自分の収入の

「資産運用で稼ぐ」ときの節税ワザ 4

一部を株式投資にあてることで、より早くお金持ちになれるのは間違いありません。

4

株式投資の税金処理は証券会社任せでOK

株式投資でいくつもの銘柄を買っていると、税金の計算はとてもめんどうです。売った銘柄ごとに、いくらで買ったのかを確認しなければならず、計算間違えのリスクもあります。

そうした問題を一気に解決するのが、2003年からスタートした**特定口座**というしくみです。証券会社で口座を開くときに「特定口座」を選択すれば、**証券会社が投資家の代わりに譲渡所得を正しく計算してくれます。**

特定口座で取引すると、証券会社は1年分の取引を集計し、**特定口座年間取引報告書**という書面を作成します。特定口座年間取引報告書は自宅に送ってもらうか、ダウンロードできるので、**これを見るだけであなたが1年間で得た売却益（譲渡所得）、または売却損（譲渡損失）、配当金などを確認できます。** あとはこの数字をもとに確定申告をすればいいのです。

さらに、特定口座は「**源泉徴収あり**」と「**源泉徴収なし**」という選択ができ、**「源泉徴収あり」を選ぶと、なんと税金の手続きも証券会社が代行してくれます。** 株式の売却益や配当金にかかる税金が天引きされるので、わざわざ確定申告や納税をする必要がなくなります。

ただ、第2章で説明したように、会社員の場合、給料以外の所得

が年間20万円以内なら、確定申告をせずに済ませられます。ということは、**税負担をなくすためにあえて「源泉徴収なし」を選択し、利益を20万円以内に収めるという節税方法**が考えられます。

とはいえ、株式投資の利益をコントロールするのは簡単ではありませんし、毎年確定申告すべきかを考えるのは大変です。その場合は、特定口座（源泉徴収あり）を選択するのが無難でしょう。

4 配当所得を確定申告すると節税できることもある

　株式を買うと、持っているだけで配当金をもらえることがあります（配当金がもらえるかどうかは銘柄によります）。この配当金は**配当所得**として、所得税と住民税がかかります。

　配当金が支払われるとき、通常は20.315％（所得税15.315％・住民税5％）が源泉徴収されます。この時点で税額が引かれていますから、確定申告の手間を省くことができます。

　ただ、**あえて配当所得を確定申告することで、税金が少なくなる可能性があります。** 確定申告をすると、配当所得について**総合課税**と**申告分離**のいずれかの方式を選択でき、これを使いわけることで、節税につながるのです（右ページの表を参照）。

　総合課税と申告分離のどちらが有利になるのかを調べるなら、実際に確定申告書をつくるのがいちばん手っ取り早いでしょう。

　基本的には、税率を掛ける前の所得金額（課税総所得金額）が900万円を超えると、申告分離が有利になるケースが多いです。ただし、株式の売却損が出ていたりして、そのときの状況などで損得のラインは変わります。

　66ページで紹介した国税庁ホームページの確定申告書等作成コーナーを使えば、「配当所得を申告した場合と、申告しない場合」「総

合課税で申告した場合と、分離課税で申告した場合」といった比較が簡単にできます。もし、投資で配当金をもらっている人は、一度計算してみるといいでしょう。

総合課税
配当所得の金額に応じた「配当控除」を受けられる。
所得税は5.105～45.945%、住民税は10%の税率

申告分離
株式の売却損と配当所得を合算できる。
所得税は15.315%、住民税は5%の税率

税率を掛ける前の所得金額（課税総所得金額）が900万円以下なら、「総合課税」でOK！

4⑤ 配当金を確定申告するときは「住民税」に要注意

　配当金を手に入れて確定申告をした場合、注意してもらいたいのが住民税です。

　確定申告をすると、その情報は地方自治体に引き継がれます。すると、もともと5％の源泉徴収で足りていた住民税が、税率10％で再計算されてしまいます。しかも国民健康保険料や介護保険料などが高くなるデメリットもあります。

　このとき、**ぜひとも利用したい裏技があります。** それが、住民税の**申告不要制度**というものです。

　じつは、**住んでいる市区町村の窓口で「配当所得の確定申告をしたけれど、住民税は申告不要制度を使う」という申請ができます。** この申請をすると、確定申告の情報が地方自治体に引き継がれても住民税の再計算は行われず、税率5％で済みます。

　必要書類や提出期限は地方自治体で違いますが、住民税の徴収が始まる前の5月ごろまでに申請書面を出すのが一般的です。

　配当金の確定申告をしたら、住んでいる区役所、市役所などで早めに申請をしましょう。

「資産運用で稼ぐ」ときの節税ワザ 4

株で大損したら、確定申告したほうがトク

　株式投資は、かならず儲かるものではありません。でも、**株式投資で損失が出たときにも税金でトクできることがあるのです。**

　大前提として、1年分の株式投資をした結果、譲渡所得がマイナス（売却損）になれば、所得がゼロなわけですから、税金はかかりません。このときは確定申告をしなくても罰則はないので、放ったらかしにするのもアリです。

でも、株式投資の売却損を確定申告しておくと、2つの場面で節税につながる可能性があります。

1つは、**複数の証券会社等で取引を行っていて、利益が出ている口座と、損失が出ている口座がある場合**です。このときに確定申告すると、利益と損失を合算できます。

利益が出ている口座が124ページで説明した「特定口座（源泉徴収あり）」だと、利益の20.315％が自動的に源泉徴収されています。この口座を、売却損の出ている口座といっしょに確定申告すれば、払いすぎた税金を返してもらえるわけです。

次に、確定申告をすることで、**譲渡所得の繰越損失・繰越控除**を使えることもメリットです。

株式の譲渡所得がマイナスになっても、給与所得などほかの所得と合算することはできません。しかし、**損失を最長3年間まで繰り越して、その間に株式等で得た利益と合算できます。**

たとえば、令和3年分の株式の譲渡所得が「100万円の赤字」、令和4年分の譲渡所得が「130万円の黒字」だった場合を考えてみましょう。

このとき、確定申告をすると、令和4年分の譲渡所得を、

$$130万円 － 100万円 ＝ 30万円$$

を基準に計算できます。なにもしなければ130万円にかかっていた税金を、30万円分だけに抑えることができるわけです。

「資産運用で稼ぐ」ときの節税ワザ 4

　ちなみに、**株式の売却損を確定申告で繰り越したら、そのあとの年も、確定申告を忘れないようにしましょう。**

　たとえば令和3年分の損失を繰り越したあと、令和4年分の確定申告をしないと、繰り越していた損失が失効します。

4 ⑦ 株の儲けはNISAで 非課税に

　株式投資にはもっとおトクな特例がいくつかあります。その代表的なものが、**NISA（少額投資非課税制度）**です。

　NISAとは、証券会社などで開設した**NISA口座**内で購入した金融商品（株式、投資信託、ETF、REIT）から得る譲渡所得や配当所得が非課税になる制度です。

　この章で何度か説明したように、投資で得た利益にはだいたい20％くらいの税金がかかります。でも、**NISA口座で運用すれば、いくら儲けが出ても、納税金額はゼロでいいのです。**

　なお、NISAには種類があり、幅広い投資に使えるNISA（**一般NISA**）と、少額の積立投資に合った「**つみたてNISA**」のいずれか一方を選択しなくてはいけません。

　一般NISAの場合、**非課税投資枠が毎年120万円、非課税期間は5年間で、トータル600万円まで運用できます**（つみたてNISAについては次にくわしく説明します）。

　NISAを利用するには、証券会社や銀行などの金融機関で、「**NISA専用の口座**」を開設する必要があります。

　口座を無事に開設できたら、あとはその口座で株式などを取引すれば自動的に非課税扱いとなります。　確定申告などの手続きも必要ありません。

132

「資産運用で稼ぐ」ときの節税ワザ 4

NISA口座で非課税になる利益

①買った株式などが値上がりしたあとに売った場合

非課税期間は5年間
（値上がり後に売却したことによる利益が非課税に）

②買った株式などを保有している間に配当金などを受け取った場合

非課税期間は5年間
（5年の間に受け取った配当金などが非課税に）

133

4 ⁸ 初心者がコツコツ投資するなら「つみたてNISA」

前項で解説した一般NISAですが、じつはデメリットもあります。1つは、利用できるのが5年間だけと短い点。もう1つは、「選択肢が広すぎる」という点です。

株式投資は値上がりする銘柄もあれば、値下がりする銘柄もあります。素人が数多くある銘柄のなかから値上がりするものを見極めるのは、簡単ではありませんよね。

そういったリスクを避ける意味では、**投資初心者の人にお勧めなのは「つみたてNISA」のほうです。** つみたてNISAの場合、投資対象は「**積立・分散投資に適した一定の公募等株式投資信託**」に制限されています。簡単にいえば、コストやリスクの面で、長期的に財産を増やせる見込みの高い銘柄だけが対象商品なのです。

また、一般NISAの非課税枠は「毎年120万円で、5年間」なのに対し、つみたてNISAは「**毎年40万円で、20年間**」です。1年あたりの非課税枠は少ないですが、**長期的な資産運用に対応しているので、つみたてNISAのほうがリスクは低いといえます。**

私もつみたてNISAを利用していますが、理由は「長期的に**積立投資**をしたほうが、リスクが低くなる」という点にあります。積立投資とは、「**あらかじめ決まった金額を、続けて投資する**」ことです。たとえば毎月3万円など、一定額分を継続して購入する投資

スタイルをイメージしてください。こうすることで、自動的に「価格が高いときは少なく買う」「価格が低いときは多く買う」ことができ、平均的な購入金額を抑えることができます。

　さらに、積立投資の対象となる**投資信託**は、株式や債券など複数の金融商品を組み合わせたものです。そのため、特定の会社の株式だけを購入するより、リスクが軽減できます。

「投資は得意だから短期で利益を出したい」という人は一般NISA、「手間をかけず、じっくりと利益を出したい」という人はつみたてNISAを選ぶといいと思います。

4⁹ NISAには デメリットもある

　非課税のメリットが大きなNISAですが、気をつけなくてはならないデメリットがあります。それは、「**利益だけではなく、損失もなかったことになる**」という点です。

　129ページで説明したとおり、株式投資で損をした場合、確定申告すれば、その損をほかの特定口座の利益や配当と相殺し、節税をすることができます。

　ところが、**NISA口座内の取引で売却損が出ても、それをほかの口座の利益と相殺することができません。**

　つまり、売却損が出た場合、NISA口座のほうが不利ということです。

　したがって、NISA口座で株や投資信託を運用するなら、できるだけ利益が出せそうな金融商品を選ぶ必要があります。

　いずれにせよ、いくら節税に役立つルールがあっても、運用で損をしてしまっては意味がありません。

　投資にはリスクがつきまといますので、まずは運用益を出せるように知識をつけ、そのうえで節税効果も狙っていきましょう。

「資産運用で稼ぐ」ときの節税ワザ 4

iDeCoはNISA以上の節税効果

株式投資に関する税制優遇に「**iDeCo（個人型確定拠出年金）**」があります。**確定拠出年金**とは要するに、将来自分がもらえる年

金を自分で運用して増やしたりしてもいいですよ、という制度です。かつては自営業者など一部の人しか利用できなかったのですが、**いまは20歳以上60歳未満ならだれでも加入できるようになりました**。このときから、iDeCoという通称が使われています。

iDeCoは月々5,000円の掛金から始められ、1,000円単位で掛金を設定できます。掛金の上限は、働き方や、勤務先の企業年金の有無などによって決まります。

iDeCoで運用する投資商品は、「元本保証型」の定期預金・保険、もしくは特定の投資信託から選びます。投資信託は元本保証がなく、選ぶ投資商品によってリスクが違います。

iDeCoは、NISAと同様に「運用益」が非課税になります。 通常は20%くらいかかる税金がゼロになるので、これだけでも利用価値があります。

さらに、NISAにはない特徴が2点あります。

1つが「**掛金が所得控除になる**」という点です。所得控除については44ページでくわしく説明していますが、**iDeCoの掛金が多ければ多いほど、その年の所得税と住民税が少なくなります。**

2つめは、将来受け取るとき、「一括受け取り」なら**退職所得控除**、「分割受け取り」なら**公的年金等控除**による節税効果がある点です。要は、会社員が退職金をもらったり、年金をもらったりするのと同じような扱いになるということです。

このようにメリットの多いiDeCoですが、デメリットもあります。**NISAとの最大の違いは、一度積み立てた掛金は、原則として60**

歳以降まで引き出すことができない、という点です。

　NISAの場合、非課税期間中でも、いつでも自由に現金化することができますが、iDeCoは自分で自由に現金化できないのです。

　節税メリットが多いからといって、多くの掛金をiDeCoに突っ込むと、生活費が足りなくなるおそれがあります。

　家計の余っているお金をきちんと考えて、掛金を設定しなくてはいけません。

iDeCoのメリット・デメリット

メリット1　掛金が所得控除になる！
iDeCoの掛金が多ければ多いほど、その年の所得税と住民税を少なくできる！

メリット2　将来、受け取るときに節税効果がある！
一括受け取りの場合は「退職所得控除」、分割受け取りの場合は「公的年金等控除」として節税効果が期待できる！

デメリット　原則、60歳以降まで引き出せない

いつでも自由に現金化できるNISAとの最大の違いはここ！

4 (11) 金・銀・プラチナの儲けは「年間50万円」がボーダー

　株式投資ではなく、金・銀・プラチナに投資をしたいという人もいるでしょう。この場合、税金の計算方法がまったく違うので注意が必要です。

　金・銀・プラチナなどは**「総合課税の譲渡所得」（総合譲渡所得）**という扱いになります。このほか、書画骨董や宝石なども、総合譲渡所得のカテゴリーです。

　総合譲渡所得は、給与所得や事業所得などと合算されて、税金が計算されます。 所得税の税率は累進税率で5.105 〜 45.945％、住民税は10％です。

　総合譲渡所得は、保有期間5年超で**長期譲渡所得**、保有期間5年以下で**短期譲渡所得**と区分され、以下のとおり計算されます。

　ちなみに譲渡費用とは、売るときにかかった手数料などを指します。

＜短期譲渡所得＞
売却価額 －（取得価額＋譲渡費用）－ 特別控除50万円

＜長期譲渡所得＞
{売却価額 －（取得価額＋譲渡費用）－ 特別控除50万円}×1／2

この算式を見てわかるように、短期譲渡所得であれ、長期譲渡所得であれ、**特別控除50万円**を引くことができます。つまり、**総合譲渡所得が年間50万円を超えなければ、税金はかかりません。**

もし、金・銀・プラチナなどに投資をしていて、年間50万円を超える利益が出そうなときは保有期間に注意してください。

保有期間が5年以下か、5年超かによって、所得に1／2を掛けられるかが変わり、税額に影響します。

とくに急いで売る必要がなければ、保有期間が5年を超えるまで待ってから売ったほうがおトクです。

4 12 暗号通貨の儲けは、じつは税金的にいちばん不利

ビットコインなどの**暗号通貨**で大儲けをしたという話がニュースなどでときどき聞かれます。値動きが大きいだけに、巨額の利益も見込める暗号通貨ですが、税金面では注意が必要です。

じつは、**税金の観点からは、暗号通貨はもっとも不利な投資方法となっています。**

理由はいくつかあります。

まずは「税率」です。株式投資が分離課税で所得税15.315%、住民税5％であるのに対して、**暗号通貨投資は「総合課税」で所得税5.105〜45.945%、住民税10%の税率が適用されます。** 一般的な給与所得などのある人であれば、所得税と住民税を合わせて30％程度の税率になるので、仮想通貨は、株式投資よりも不利です。

さらに、暗号通貨取引に関しては、利益に対してNISAやiDeCoのような税制優遇措置もありません。そのため、儲かったら必ず税金がかかります。

また、**暗号通貨でいくら損をしても、株式のように損失を繰り越せません。** たとえば令和3年に300万円分の損失があり、令和4年に300万円分の利益が出た場合、株式投資であれば相殺できますが、暗号通貨は利益300万円にそのまま税金がかかります。

一時期、ビットコインブームにより「億りびと」とよばれる億単

位の利益を得た人が話題になりました。**億単位ともなると、確実に最高税率になってしまいますから、半分以上は税金で持っていかれます。** そして、別の年に大損をしても救済措置はありません。

　暗号通貨で利益を上げた人に税務調査が行われることがたまに報道されますが、それだけ多額の税金が見込まれるからなのです。

4 ⑬ FXで儲けたときの税金は、株式とほぼ同じ

　FX（外国為替証拠金取引）で得た利益は「**申告分離の雑所得**」という扱いになります。**これは副業などによる「総合課税の雑所得」とは扱いが違う点に注意してください。**

　……と、このように説明しても難しいと思いますので、まずは**「FXの税金は株式投資とほぼ同じ」**と覚えましょう。

　申告分離の雑所得は、所得税・住民税を合わせて一律で20.315%の税率です。株式投資の譲渡所得の税率と同じですね。そして、繰越損失・繰越控除が認められている点も株式投資と同様です。

　株式投資とFXの税金面の違いは、FXには源泉徴収のしくみがない点です。株式投資のように税金の手続きを証券会社任せにできないので、自分で確定申告をして納税をする必要があります。

　会社員のかたわらFX投資をしていて、年間利益が20万円を超えると、確定申告が必要です。また、フリーランスのようにそもそも毎年確定申告をする人は、FXの利益が20万円以内でも確定申告のときにFXの雑所得を申告します。

　FXの雑所得を確定申告するときは、必要経費も忘れずに申告しておきましょう。たとえば、FX取引の勉強をするために購入した書籍代やセミナー参加費、FX取引に使うパソコン代などが一般的に認められます。こうすればFXで得られた雑所得を少なくして、

「資産運用で稼ぐ」ときの節税ワザ 4

節税効果を見込めるのです。

4⁽¹⁴⁾ 宝くじや競馬に当たったら税金を取られる？

　投資ではありませんが、オマケ的に、宝くじやギャンブルに関する税金も説明しておきましょう。

　まずは**宝くじ**。「宝くじで1億円当たったら、半分は税金で持っていかれるの？」と疑問に思う人もいるようですが、そんなことはありません。**宝くじの当選金には、税金はかからないのです。**

　これにはカラクリがあります。宝くじの売上金は、そもそも公共サービスに使われるので、**ある意味、宝くじを買っている時点で税金を払っているようなものなのです。**

　公式サイトによると、宝くじの売上のうち、当選者に支払われるのは46.5％で、残りは公共事業や諸経費などに使われています。なんと、宝くじを買うと、その半分以上は、買った人には戻ってこないというわけです。

販売実績額：7,931億円（令和元年度）

「資産運用で稼ぐ」ときの節税ワザ **4**

一方、競馬や競艇などのギャンブルが好きな人は、税金のことを考えておく必要があります。こちらは原則として「**一時所得**」として扱われ、所得税や住民税の対象になります。

計算方法は以下のとおりです。

> 総収入金額 － 収入を得るために － 特別控除額 ＝ 一時所得
> 　　　　　　　支出した金額　　 （最高50万円）

一時所得は、上記の計算をしたうえで、その1／2に相当する金額が課税対象になります。たとえば万馬券を当てて、200円の馬券に対して200万円が支払われたとしましょう。この場合、

> （200万円 － 200円 － 50万円）× 1／2 ＝ 749,900円

が、税金の対象になるということです。

なお、競馬の払戻金について、「**ハズレ馬券の代金を必要経費にできるか**」という論点で国と納税者が裁判で争い、国が敗訴した事件がありました。

これは、馬券を買った人が、独自に改良したソフトウェアを利用し、ほぼすべてのレースの馬券を買うといった、かなり大掛かりなケースで、「**営利を目的とする継続的行為**」としてハズレ馬券も必要経費に認められた例外ケースです。

趣味レベルでときどき馬券を買うような場合、ハズレ馬券の代金は必要経費になりません。あくまでも、勝った馬券の代金だけが必要経費になりますので、注意してください。

147

第5章

マイホームや車にまつわる
節税ワザ

5 ①
マイホームを買うとかかる **不動産取得税**の計算方法は？

　私たちは消費税など、お金を払うときにも税金を払っています。残念ながら消費税は節税できませんが、そのほかの大きな買い物では節税をできることもあるので、そうした**「生活にまつわる節税ワザ」**を紹介しましょう。

　まずは持ち家に関する税金。家は「買うとき」「所有しているとき」「売るとき」「もらうとき」などで税金がかかります。

　このうち、家を買うときにかかるのが**不動産取得税**という地方税です。一般的な税金は、収入を得たら、その一部を税金として納めますが、不動産取得税は「家を買う」つまり手元からお金がなくなっているのに税金がかかります。家を買うときに頭金を多くしすぎると、税金に払うお金が足りないおそれがあるので要注意です。

　不動産取得税は、原則として**「固定資産税評価額×4％」**で計算されます。**固定資産税評価額は地方自治体が査定しますが、物件の時価の7割程度になるのが一般的です。**ざっくりと考えると、3000万円の物件を買ったら、3000万円×7割×4％＝84万円くらいの不動産取得税がかかるイメージです。

　ただし、住宅や敷地を買うときには、**不動産取得税の軽減措置**があります。**たとえば新築で床面積50㎡以上240㎡以下の建物を建てた場合、固定資産税評価額から1,200万円を差し引けます。**

土地の軽減措置は計算がやや複雑ですが、ざっくり敷地面積が200㎡までなら固定資産税はゼロです。

　軽減措置を使えば、一般的な住宅なら不動産取得税はほとんどかかりません。手続きは地方自治体で異なるので、家を買うときは軽減措置について確認しておきましょう。

5² 登録免許税は売買と贈与でこんなに違う

　自宅などの不動産を買うときにかかる、もうひとつの税金が**登録免許税**です。これは不動産や会社などの登記を行う際の税金で、たとえば不動産の名義を変えるときには絶対に必要です。個人がマイホームを買うときも名義が変わりますから、必ずこの登録免許税が必要なのです。

　ただ、登録免許税を納めている自覚のある人は少ないでしょう。というのも、**司法書士に登記手続きを代行してもらう際、報酬と合わせて司法書士に登録免許税も支払うのが一般的**だからです。

　ここで覚えておきたいのが、**「売買よりも贈与のほうが、登録免許税が高い」**という点です。

　売買も贈与も、税率は原則2％ですが、**住宅用家屋の売買は登録免許税が0.3％になる軽減措置が設けられています**。つまり、売買と贈与を比べると税率に7倍近くの差があるのです。

　自宅の処分を考えるとき、売却をするか、身内に贈与をするかという選択肢があります。このとき、贈与をすると登録免許税が大きくなるということは覚えておきましょう。

マイホームや車にまつわる税金知識と節税ワザ 5

5 ③ 持ち家にかかる固定資産税は見直し時期に注意

　家を買ったあと、毎年払わないといけないのが固定資産税です。実際は固定資産税と都市計画税という2つの名称があるのですが、しくみは同じでいっしょに徴収されるので、まとめて説明します。

　固定資産税は地方税のひとつで、**固定資産税評価額に対して一定のパーセントを掛けて計算します。** 固定資産税評価額は各地方自治体が査定しますが、3年に一度見直されます。ふつう、建物の評価額は老朽化して下がりますが、土地の評価は周辺の地価上昇により上がる可能性もあります。

　固定資産税の金額は不動産の所在地や広さなどにより変わりますが、**一般的な住宅であれば年10万円前後に落ちつきます。**

　また、固定資産税についても、新築物件で、住宅用の土地であれば軽減措置があります。**新築戸建なら3年間、新築マンションなら5年間は、固定資産税が2分の1になる**という措置です。もし建物が長期優良住宅なら、減額期間はさらに2年間延長されます。この措置を受けるには、令和4年3月31日までに新築すること、居住部分の課税面積が50㎡以上280㎡以下といった条件があります。

　土地の軽減措置は、200㎡以下の部分は固定資産税が6分の1に、都市計画税が3分の1になります。 200㎡を超えた部分は固定資産税が3分の1に、都市計画税が3分の2になります。

154

なお、軽減措置の有効年数は戸建てよりマンションのほうが有利ですが、**一般的に戸建てよりもマンションのほうが固定資産税は高くなります。** というのも、固定資産税評価額は建物の構造や材質が影響するからです。木造よりも鉄筋コンクリートのマンションのほうが長持ちするため、固定資産税評価額が下がらず、固定資産税が高く維持されてしまいやすいのです。

木造住宅
- 新築なら3年間は固定資産税が1/2に
- 長期優良住宅ならさらに2年は固定資産税が1/2に
- ふつうは築年数とともに価値が低下

鉄筋コンクリートのマンション
- 新築なら5年間は固定資産税が1/2に
- 築年数とともに価値は低下するが、木造家屋よりもゆるやか

土地
- 200㎡以下の部分は固定資産税が6分の1、都市計画税が3分の1に
- 周辺の地価によって上昇することもある

5 ④ 家を売るときには譲渡所得で税の支払いが発生する

　土地建物などの不動産を売却した場合、**譲渡所得**として所得税や住民税が課されます。

　これは以下のように計算されます。

> **譲渡所得 ＝ 譲渡収入 － 取得費 － 譲渡費用**

　これがプラスなら税金がかかり、ゼロやマイナスになれば税金がかからないのが基本です。

　譲渡収入とは、おもに不動産を売却したときの売値です。たとえば土地を1,000万円で売却したら、譲渡収入は1,000万円です。

　実際はほかにもこまかいものが譲渡収入になるケースもありますが、ひとまず**「売値＝譲渡収入」**とイメージしてください。

　取得費はその名のとおり、不動産を取得するためにかかった費用です。

　購入代金のほか、購入時に支払った手数料なども含まれます。**相続で引き継いだ不動産なら、もともとの所有者が購入したときの金額を取得費として引き継ぎます。**

　ただし、取得費については注意したいことがあります。**減価償却**です。これは次の項目でくわしく説明します。

譲渡費用は登記費用、仲介手数料、売買契約書に貼付した印紙代などです。**清掃費用や引っ越し代などは譲渡費用になりません。**

5⁵ 家を売るときは減価償却で 価値を計算しなければいけない

　家の取得費を考えるときに注意したいのが**減価償却**というルールです。土地は関係ないのですが、建物は老朽化で価値が目減りすると考えます。そのため、**実際の購入費用から減価償却費を差し引いて残った金額しか、取得費には認められません。**

　減価償却費は、**「建物を取得するときの費用×0.9」**を基準に、構造（木造、鉄筋ほか）などに応じて計算します。たとえば3000万円で建てた木造の家を30年後に売ったら、取得費は以下です。

＜減価償却費＞

3000万円 × 0.9 × 木造物件の償却率 0.031 × 30年 ＝ 25,110,000円

＜取得費＞

3,000万円 － 25,110,000円 ＝ 4,890,000円

　このように、新築から何十年も経っている建物だと、取得費として認められる金額は少なくなります。

　すごく古い建物で取得費がほぼゼロになる、あるいはそもそも購入額が不明な場合は、「譲渡収入の5%」は最低限、取得費とし

て認められるというルールを覚えておきましょう。

「譲渡収入」「取得費」「譲渡費用」がわかったら、ようやく譲渡所得を計算できます。その結果、譲渡所得がプラスになったなら、税率を掛けて税金を計算します。

譲渡所得の税率は所有期間で変わります。売却した年の1月1日時点において所有期間が5年を超えていれば**長期譲渡所得**、5年以下であれば**短期譲渡所得**です。**長期か短期かだけで税率に約2倍もの差があります。**とくに急ぐ事情がなければ5年以内の売却は避けたほうがよいでしょう。

長期譲渡所得：所得税 15.315％・住民税 5％

短期譲渡所得：所得税 30.63％　・住民税 9％

買ってから5年以内に家を売ると、所得税と住民税で損をすることが多い！

5⁶ 自宅を売るときは「3,000万円控除」で無税にできる！

156ページで、譲渡所得がプラスになったら税金がかかると説明しました。でも、**売った物件が、売る直前まで居住用に使っていたものなら、いくつかの特例を使って節税できます。**とくに代表的な「**3,000万円控除**」を説明しましょう。

これは、譲渡所得に対して最大3,000万円まで差し引ける特例です。言い換えると、**譲渡所得が3,000万円以内なら、特例を使って税金の支払いをゼロにできる**のです。

なお、もし譲渡所得が3,000万円を超えたら、超えた金額に対して税金がかかります。でもこのときは**軽減税率の特例**という特例が用意されています。

特例には「**売った年の1月1日時点で、売った家屋と敷地の所有期間がともに10年を超えている**」といった条件がありますが、条件を満たせば譲渡所得にかかる税率を下げてくれます。本来、長期譲渡所得の税率は所得税15.315％、住民税5％ですが、軽減税率の特例を使えば、所得税10.21％、住民税4％になります。

ただ、有利な特例にも落とし穴があります。それは「**住宅ローン控除と併用できない**」という点です。**たとえば自宅を売却して3,000万円控除や軽減税率の特例を使い、買い替えた自宅で住宅ローン控除を使おうとしても、これは認められません。**

譲渡所得にかかる税金を下げる3,000万円控除などの特例を使ったほうがいいのか、住宅ローン控除を使ったほうがいいのか……。

これはケースバイケースです。税負担に大きな影響をおよぼす判断になるので、税理士に相談して慎重に判断してください。

5-7 自宅の売却損は確定申告すれば節税できる

　譲渡所得を計算した結果、マイナス（**譲渡損失**）になった場合について説明します。この場合、譲渡所得はゼロなので、確定申告や納税をする必要は「原則」ありません。

　ただし、自宅を売って譲渡損失が出た場合に使える特例があります。そのため、**あえて譲渡損失を確定申告することで、節税をすることが可能です。**

　こまかい条件は国税庁のサイトで確認をしていただくとして、本書では節税効果のしくみを説明します。

　譲渡損失が出たら使える特例には**損益通算**と**繰越控除**という効果があります。**損益通算は「ほかの種類の所得と相殺できる」というしくみです。**

　たとえば会社員が自宅を売って譲渡損失が出たら、給与所得と譲渡損失を合算できます。すると給与所得にかかっていた所得税が還付金として戻り、翌年度の住民税が低くなります。

　繰越控除は「相殺しきれなかった譲渡損失を繰り越す」という意味があります。

　たとえば給与所得500万円の人で、譲渡損失が800万円あれば、相殺してもまだ300万円分の譲渡損失が残りますよね。この譲渡損

失を最長3年間繰り越して、その間に得た所得と合算できるのが繰越控除です。

　ちなみに、譲渡損失に使える特例には、**「マイホームを買い替えて新たに住宅ローンを組んだ場合」**と**「住宅ローンの残る自宅を売った場合」**に使える2タイプがあります。

　このうち節税効果が高いのは前者です。後者は住宅ローンの残額などによって、譲渡損失の一部しか損益通算や繰越控除ができない可能性があります。

5 会社員でもたまーに使う 印紙税のこと

印紙税は、特定の文書をつくるときにかかるという特殊な税金です。納税方法も変わっていて、収入印紙という切手のようなものを買って文書に貼ることで納税をします。所得税などのように税務署で納めるわけではありません。

一般の人が印紙税を払う機会はそう多くないですが、**たとえば不動産の売買契約をするときは印紙税がかかります。**売買契約書を交わすときに収入印紙を購入し、契約書の原本に貼らなくてはいけません。

現在、不動産売買契約書については、軽減措置があります。**契約書に記載されている取引金額が10万円を超えるもので、平成26年4月1日から令和4年3月31日までの間に作成されるものは、次ページのとおり本来の印紙税より少なくて済みます。**

ちなみに、飲食業など事業をしている人であれば**「領収書は5万円」**というボーダーを覚えておくといいでしょう。5万円以上になると金額に応じて印紙税がかかるからです。

また、**「電子データで発行する領収書」**なら5万円以上でも印紙税がかかりません。たとえば領収書のPDFデータを電子メールで送信する場合、収入印紙が必要ないということです。電子データの表題が「領収書」でも大丈夫です。

マイホームや車にまつわる税金知識と節税ワザ　5

契約金額	本則税額	軽減税額
10万円超～50万円以下	400円	200円
50万円超～100万円以下	1,000円	500円
100万円超～500万円以下	2,000円	1,000円
500万円超～1,000万円以下	10,000円	5,000円
1,000万円超～5,000万円以下	20,000円	10,000円
5,000万円超～1億円以下	60,000円	30,000円
1億円超～5億円以下	100,000円	60,000円
5億円超～10億円以下	200,000円	160,000円
10億円超～50億円以下	400,000円	320,000円
50億円超	600,000円	480,000円

領収書は電子データで発行すれば、金額がいくらでも印紙税を納める必要はなし！

5 収入印紙の貼り方と割り印の押し方

印紙税については重要なルールがあります。購入した収入印紙を文書に貼るときは、必ず「消印」を行わなくてはいけません。

消印とは課税文書と収入印紙にまたがるように押印することで、「割り印」ともよばれます。 このルールは、収入印紙の再利用防止のために設けられています。

消印をする印鑑は、一般的な印鑑のほか、氏名や名称などを表示したゴム印のようなものでも大丈夫です。たとえば契約書そのものは実印を使っても、その契約書に貼る印紙は実印を使わなくても大丈夫です。

また、**文書の作成者だけでなく、代理人や従業員などによる消印も認められています。** たとえば会社の名前で領収書を発行するときは、社長だけでなく、代理人や従業員でも問題ありません。

認められないのは、単に斜線を引くような方法です。たとえ収入印紙が課税文書からはがれても、どの文書にどの収入印紙が貼られていたかがわかるように消印をしてください。

印紙を貼らなかったり、消印を忘れたりすると、罰則があります。まず、税務署から不備の指摘を受けると 「印紙税の額の3倍」 が過怠税として徴収されます（自ら印紙税の貼り忘れなどを申し出ると、過怠税は印紙税の金額の1.1倍に下がります）。

166

収入印紙を貼っていても消印がなければ、消印をしなかった収入印紙と同額の過怠税が徴収されます。消印忘れにはくれぐれも注意しましょう。

5 ⑩ フリマサイトで不用品を売っても税金はゼロ！

最近はスマホで使えるフリマサイトなどで、個人でもモノを売りやすくなりました。

なかにはかなりの収入を得ている人もいるようですが、やっぱり税金に注意が必要です。

まずは、**不用品（生活用動産）を売った場合は非課税というルール**を覚えておきましょう。

家にある使わなくなった電化製品や、読まなくなった本などを売る分には、いくら儲けても非課税です。確定申告をする必要もまったくありません。

ただし、気をつけなくてはならないポイントがあります。次ページに掲げた生活用動産が**1個または1組あたり30万円超で売れた場合は、確定申告が必要**となります。

要は、「高級品を売るときは気をつけましょう」ということですね。この条件に合致する所得を得ると、**「総合譲渡所得」** の扱いになります。

また、140ページで説明したように、**総合譲渡所得には、年間50万円の特別控除額が設けられています。**

もし、いらない宝石や骨董品がたくさんある場合、一括で売るよ

りも、数年間に分けたほうがいいかもしれません。

そのほうが、売った年ごとに特別控除額50万円が使えて節税できるからです。

以下のものが1つまたは
1組あたり「30万円超」で売れた場合は
確定申告が必要！

①
- 書画
- 骨とう及び美術工芸品

②
- 貴石
- 半貴石
- 貴金属
- 真珠及びこれらの製品
- べっこう製品
- さんご製品
- こはく製品
- ぞうげ製品並びに七宝製品

5 11 転売で得た利益には
しっかり税が課せられます

　人によっては不用品を売るだけにとどまらず、ほかのところで仕入れた商品を販売して定期的に収入を得ている人もいると思います。いわゆる「転売ヤー」とよばれる人ですね。

　この場合、非課税にはなりません。**事業所得**または**雑所得**として扱われます。第3章で説明したように、**事業所得はビジネスで得た所得、雑所得はビジネスとまではいえないお小遣い稼ぎのような所得が該当します。**

　一般の人がたまに売買して収入を得ているレベルであれば、雑所得がふさわしいでしょう。売上から仕入れ代や送料などを引いて出た雑所得に対して税金がかかります。

　ここで、63ページで説明した「20万円ルール」を思い出してください。会社員が副業的に得た所得だと、「年間20万円」に収まれば確定申告はふつう必要ありません。

　また専業主婦のように収入がない人がフリマサイトなどで稼ぐ場合は、「48万円」がボーダーラインです。基礎控除の48万円までは所得税はかからないので、利益が48万円に収まるなら確定申告は必要ありません[※]。

（※）所得金額43万円～48万円の場合は、住民税の申告が必要

マイホームや車にまつわる税金知識と節税ワザ 5

5 入院して受け取った保険金は非課税

医療保険などに加入し、**保険金**を受け取ったときは、税金はかかるのでしょうか。

じつは保険金の税金のルールについては勘違いが多く、国税庁は「誤りの多い事例」としてホームページで注意喚起をしています。

ややこしいことに、**保険金として支払われるお金には、税金がかからないものと、税金がかかるものがあります。**税金がかかる場合も、所得税（住民税）、贈与税、相続税という複数のパターンに分かれています。

まず覚えておきたいのは、**「税金がかからない保険金」**です。**個人が病気やケガをして入院給付金などを受け取ったら、金額にかかわらず非課税です。**

非課税ですから確定申告や納税も必要ないのですが、一点だけ注意したいのが**医療費控除**への影響です。**医療費控除の金額を計算するとき、受け取った入院給付金などは差し引く必要があります。**

医療費控除の確定申告をするのであれば、支払った医療費とともに、受け取った保険金もきちんと確認しておきましょう。

マイホームや車にまつわる税金知識と節税ワザ 5

保険金の受け取り

 非課税

- 入院給付金
- 手術給付金
- 通院給付金
- 疾病（災害）療養給付金
- 障害保険金（給付金）
- 特定損傷給付金
- がん診断給付金
- 特定疾病（三大疾病）保険金
- 先進医療給付金
- 高度障害保険金（給付金）
- リビング・ニーズ特約保険金
- 介護保険金（一時金・年金）

など

 課税

- **生命保険**
（くわしくは次ページ）

医療保険に加入してもらえる保険金は、基本的に「非課税」になると考えてOK！

173

5 13 「保険料をだれが払ったか」が すごく重要

保険金のうち、**税金がかかる可能性があるのが生命保険です。**
具体的には

> （１）だれかが亡くなって生命保険をもらった場合
>
> （２）満期を迎えて満期保険金を受け取る場合
>
> （３）途中で解約して解約返戻金を受け取った場合

このとき、税金の問題が出てきます。

生命保険は**「被保険者」**が亡くなったら、指定した**「受取人」**が保険金を受け取ります。税金の場合、この2人の登場人物に加えて、**「保険料を負担した人」**も税金の判断要素となります。

この登場人物の組み合わせによって、生命保険にかかる税金は変わります。これは右ページにまとめました。

まずは、**「保険料負担者と保険金受取人が同じ人」**というパターン。「妻が亡くなったら、夫が保険金を受け取る」という生命保険で、保険料を夫が負担しているケースをイメージしてください。

この場合、**保険金を受け取った本人の一時所得として、所得税や住民税の対象となります。**これだと、受け取った生命保険から、

174

それまでに払い込んだ保険料を必要経費として差し引けます。

さらに一時所得には「**特別控除50万円を引いて、1／2にする**」というルールがあるので、思ったほどは税金がかからないはずです。

保険料負担者と保険金受取人が別人の場合は、税金の計算が変わります。所得税ではなく**贈与税**、もしくは**相続税**の対象になってしまうのです。

たとえば、夫が保険料を負担していて、妻が保険金受取人になっているケース。この生命保険の被保険者が死亡すると、妻が生命保険金を受け取ることになります。

お金の流れを考えると、**夫が保険料を支払って、妻がお金をもらったわけですから、実質的に「夫から妻に財産贈与があった」と判断されます**。こうなると、贈与税の対象になります。

最後に、相続税の対象となるパターンです。これは、**保険料を負担していた人が死亡したケースです。**

たとえば夫が自分自身を被保険者とする生命保険に加入し、保険料を支払っていて、その夫が死亡して妻が生命保険金を受け取ったとしましょう。

この場合は、**亡くなった夫から、残された妻にお金が渡ったという見方になるので、相続税の対象になる**のです。

贈与税は第6章、相続税は第7章で説明しますが、税金の計算方法はまったく違うので、税負担に差が出てきます。

5 **14** マイホームや車にまつわる税金知識と節税ワザ **5**

自動車税を考えるなら、車の購入は4月2日に

　自動車を所有すると、車検代やガソリン代などの維持費がかかりますが、税金も少なくない負担になります。

　車にかかる税金は複数ありますが、毎年支払いが必要なのが**自動車税**です。これは4月1日時点の所有者に毎年課せられる地方税で、都道府県に納めます。

　なお、軽自動車の所有者には、自動車税ではなく**軽自動車税**が課せられますが、基本的に自動車税と同じしくみです。

　ポイントは「4月1日」が基準日だという点。**4月2日に車を買えば、ほぼ1年間は自動車税を払わずに済ませることができます。**

　自動車税の金額は「総排気量」にしたがって上がり、用途（自家用・営業用）によっても負担が変わります。ちなみに、2019年10月1日以後に初回新規登録を受けた車なら、従来より自動車税が低くなります。

　また、一部の環境配慮車（電気自動車やハイブリッドカーなど）は、**グリーン化特例**という自動車税の軽減措置があります。この特例は自動車の燃費性能などに応じて自動車税を引き下げるもので、**基準に達していれば50 ～ 75%もの税負担が抑えられます。**

　その一方、グリーン化特例の導入にともなって、**初回新規登録か**

177

ら13年を経過した車については、自動車税が15%上乗せされる**重課**というしくみも導入されています。

車を買う、あるいは売るときは、燃費性能や経過年数をチェックしましょう。

2019年10月1日以降に初回新規登録を受けた自家用自動車（登録車）の自動車税（種別割）の税額表

排気量	引き下げ前の税額	引き下げ後の税額（引き下げ額）
1,000cc以下	29,500円	25,000円（▲4,500円）
1,000cc超～1,500cc以下	34,500円	30,500円（▲4,000円）
1,500cc超～2,000cc以下	39,500円	36,000円（▲3,500円）
2,000cc超～2,500cc以下	45,000円	43,500円（▲1,500円）
2,500cc超～3,000cc以下	51,000円	50,000円（▲1,000円）
3,000cc超～3,500cc以下	58,000円	57,000円（▲1,000円）
3,500cc超～4,000cc以下	66,500円	65,500円（▲1,000円）
4,000cc超～4,500cc以下	76,500円	75,500円（▲1,000円）
4,500cc超～6,000cc以下	88,000円	87,000円（▲1,000円）
6,000cc超	111,000円	110,000円（▲1,000円）

5 15 自動車重量税の支払いは 13年目、18年目で変わる！

マイホームや車にまつわる税金知識と節税ワザ 5

　自動車税と似ていますが、**自動車重量税**は別の税金です。こちらは「車の重さ」で変わる税金です。自動車重量税は毎年納めるのではなく、車検のときに次回の車検までにかかる税金を前払いします。**新車は新規登録時に初回車検までの3年分、以後車検ごとに2年分の自動車重量税を払います。**

　次の車検のときに支払う自動車重量税の金額は、国土交通省のサイト**「次回自動車重量税額照会サービス」**で調べられます。

　自動車重量税も、環境への配慮から燃費性能のよい車に対する軽減措置があります。たとえば**EV（電気自動車）の場合、新車登録時と、初回車検時の自動車重量税が免除されます。**

　逆に、新車登録から年数の経った車は、自動車重量税が増えます。ここで税額が上がる区切りとなるのが**13年**と**18年**です。

　たとえば3トン車の場合、**13年、18年の区切りを超えるごとに、車検時に納める税額が約2万～3万円程度変わってきます。**

　自動車税、自動車重量税のいずれも、13年以上になると税負担が増えますが、これは環境問題への影響を抑えるためです。**車を選ぶときは、できるだけ環境性能のよいものを選ぶことが節税につながります。**また、13年という基準を頭に入れて、車の買い替え時を逃さないようにしましょう。

179

5 温泉に入る人には入湯税がかかります

　温泉を使った入浴施設に入ったときは、**入湯税**という地方税がかかります。

　入湯税は、温泉に入ったお客さんに代わって、施設の経営者が市町村に納めるしくみになっています。そのため、**宿泊料などといっしょに入湯税の支払いを求められるのが一般的です。**

　入湯税の額は、市町村によってさまざまです。

　法律上は、「**1人1日150円**」を標準としていますが、市町村ごとに、これとは違う金額を定めることもできます。また、宿泊客と日帰り客とで金額が変わったり、子どもは免除されたり……といったケースがあります。

　次ページの表は、日本温泉協会による入湯税の収入が多い市町村のランキングです。

　1位の神奈川県箱根町は、2018年度の入湯税として約7億円の税収を得ています。1日150円という少額の税金ながら、チリも積もればで、大きな金額になっていますね。

マイホームや車にまつわる税金知識と節税ワザ 5

入湯税収入額が多い市町村ベスト10

	場所	おもな温泉地	入湯税収入額
1位	神奈川県箱根町	箱根温泉郷	683,722,000円
2位	静岡県熱海市	熱海	439,575,000円
3位	北海道札幌市	定山渓	408,322,000円
4位	栃木県日光市	鬼怒川、川治、湯西川、奥鬼怒	384,695,000円
5位	静岡県伊東市	伊東	353,199,000円
6位	大分県別府市	別府温泉郷	320,640,000円
7位	兵庫県神戸市	有馬	277,245,000円
8位	岐阜県高山市	奥飛騨温泉郷、飛騨高山	245,935,000円
9位	石川県加賀市	山中、山代、片山津	233,133,000円
10位	北海道函館市	湯川	203,679,000円

※総務省自治財政局財務調査課の資料（2018年度決算）をもとに作成

5 17 海外旅行に行くとかかる 国際観光旅客税

比較的新しい税金として**国際観光旅客税**という税金があります。

これは、「観光先進国実現に向けた観光基盤の拡充・強化を図るための恒久的な財源を確保するため」という目的で創設され、**2019年1月7日以後に出国する旅行から適用されています。**

国際観光旅客税は、個別に税務署などに納めるものではなく、基本的には航空会社などがチケット代金に税額を上乗せするかたちで徴収されます。

金額は**「出国1回につき1,000円」**なので、頻繁に海外と行き来する仕事をしている人は負担が重いかもしれません。

ちなみに国際観光旅客税は使いみちが公開されています。

> （1）ストレスフリーで快適に旅行できる環境の整備
> （2）我が国の多様な魅力に関する情報の入手の容易化
> （3）地域固有の文化、自然等を活用した観光資源の整備
> 　　　等による地域での体験滞在の満足度向上

この3つの分野に使われることになっています。

要は、海外旅行を手軽に、しかも楽しいものにするために使われるとのことですから、その効果に期待したいものです。

5 マイホームや車にまつわる税金知識と節税ワザ

18 地方自治体が独自に導入している**法定外税**という税金

　地方税である住民税や固定資産税、事業税などは**地方税法**という法律に規定があり、基本的には全国一律です。

　しかし、**地方自治体によっては独自の税金を設けているところがあります。**このような税金を**法定外税**といいます。

おもな法定外税

税目	地方自治体
石油価格調整税	沖縄県
核燃料等取扱税	茨城県
核燃料物質等取扱税	青森県
別荘等所有税	熱海市（静岡県）
砂利採取税	山北町（神奈川県）
歴史と文化の環境税	太宰府市（福岡県）
狭小住戸集合住宅税	豊島区（東京都）
空港連絡橋利用税	泉佐野市（大阪府）
宿泊税	東京都、大阪府、福岡県
遊漁税	富士河口湖町（山梨県）
環境未来税	北九州市（福岡県）
開発事業等緑化負担税	箕面市（大阪府）

たとえば、静岡県熱海市には**別荘等所有税**があり、その名のとおり、別荘所有者に対して税金をかけています。

　ほかにも、原子力発電所のある都道府県では**核燃料等取扱税**、太宰府天満宮で知られる福岡県太宰府市の**「歴史と文化の環境税」**といったように、さまざまな法定外税があります。

　このような法定外税はその土地に暮らす人にとって負担なことは間違いありませんが、地方税の税収全体に占める割合は0.16%しかありません（令和元年度）。

　また、法定外税を新たに設けるときには **「住民の負担が著しく過重にならないこと」** という条件がありますので、法定外税のことをそこまで気にする必要はないと思います。

　68ページでも述べましたが、それほど税金の支払額に差があるわけではないので、引っ越しをするときにわざわざ法定外税のないところを選ぶまでのことはないでしょう。

第6章

家族間でお金を渡す「贈与」の
節税ワザ

6 ①
「年間110万円」以下なら贈与税はかからない！

　親からお金をもらう、配偶者から不動産の所有権をもらう、といった場合、問題になるのが**贈与税**です。税務の世界では贈与をした人を「贈与者」、贈与してもらった人を「受贈者」といい、**基本的に受贈者のほうに税金がかかってきます。**

　贈与税は所得税などと同じく国の税金ですが、計算方法はまったく違います。受贈者は贈与税の申告書を使って計算しなくてはいけません。

　贈与税の計算方式には**暦年課税**と**相続時精算課税**という2つがあります。原則は暦年課税で、相続時精算課税はいくつかの条件を満たす人だけが使えます（くわしくは次の項目で説明します）。

　暦年課税でまず覚えておきたいのが、**「年間110万円までの贈与は非課税」**というルールです。

　家族や知人などから贈与を受けても、それが贈与税の基礎控除である110万円に納まれば、贈与税の申告や納税は必要ありません。贈与税の計算は1月1日から12月31日までの1年間で集計されるので、この期間中の贈与を集計して、110万円を超えなければOKです。

　気をつけたいのは、この110万円は受贈者単位のものという点です。たとえば父親から70万円、母親から60万円を同じ年に贈与された場合、受贈者は合計130万円を受け取っているので、この場

186

合は贈与税がかかるのです。

贈与された金額が年間110万円を超えた場合、超えた金額に対して10〜55％の税率で贈与税が計算されます。

税率は以下の表のとおりですが、**贈与者と受贈者の関係によって、税率が変わるという特徴があります**。直系尊属（祖父母や父母など）から、その年の1月1日において20歳以上の者（子・孫など）へ贈与があった場合は**特例税率**が、夫婦間や兄弟間の贈与など特例税率に該当しない場合は**一般税率**で贈与税が計算されます。

「だれが贈ったか」によって税率は変わる！

6² 相続時精算課税は非課税枠の使い切りに注意

次に**相続時精算課税**のルールを説明しましょう。**「60歳以上の直系尊属（両親や祖父母など）から、20歳以上の直系卑属（子や孫など）に贈与があった」**という場合に限って、相続時精算課税で贈与税を計算できます。

相続時精算課税で覚えておきたいのは、**「2500万円の特別控除がある」**という点です。言い換えれば2500万円の非課税枠があるということになります。**また特別控除2500万円を使い切った場合も、一律20％の税率なので、暦年課税のように最高税率55％に達するようなことはありません。**

これだけを知ると、暦年課税よりも相続時精算課税のほうが有利に思われるでしょう。でも、そう単純な話ではありません。2500万円の非課税枠は**生前贈与の累計**に対するもので、暦年課税のように毎年新たな非課税枠が設けられるわけではないのです。

たとえば相続時精算課税を選択して1年目に2000万円、2年目に1000万円の贈与を受けると、贈与税は次のように計算します。

＜1年目＞
贈与額：2,000万円－特別控除2,000万円＝0円
贈与税：0円

> **＜2年目＞**
> 贈与額：1,000万円−特別控除500万円＝500万円
> 贈与税：500万円×税率20％＝100万円

　このように、特別控除を一度使い切ると、あとはずっと税率20％で贈与税がかかるのです。しかも、**一度相続時精算課税を選択すると、同じ贈与者からの贈与について暦年課税に戻すことはできません。** 相続時精算課税の特別控除を使い切ったあと、「年間110万円の基礎控除を使いたい」と思っても不可能です。

　相続時精算課税には、さらに気をつけるべき点があります。**相続時精算課税を使って贈与税を計算すると、「贈与者が死亡したときの相続税」に影響するという点**です。

　たとえば、父親から2000万円の贈与を受け、相続時精算課税を使った場合、特別控除の金額以内なので、贈与税は非課税になりますね。ところが、この父親が死亡したとき、生前贈与のあった2000万円も含めて相続税が計算されてしまいます。

　相続時精算課税を選択するときは、後々の影響を考えて判断する必要があります。

　なお、**「相続税対策」という意味では、暦年課税と相続時精算課税には、それぞれ違ったメリットがあります。** この点は226ページで説明します。

6³ 贈与税の申告は必ず 翌年2月1日～3月15日に！

　暦年課税、相続時精算課税のいずれの場合も、贈与税の申告が必要なら、期限内に申告書を提出しなくてはいけません。

　贈与税の申告タイミングは、贈与を受けた年の翌年の2月1日から3月15日（休日の場合は翌平日）の間です。この期限をすぎると、加算税や延滞税が課せられます。

　相続時精算課税を選択するなら、とくに期限に注意してください。相続時精算課税を利用するには、原則として申告期限までに、贈与税の申告書とともに、**「相続時精算課税選択届出書」（以下「届出書」）**という書面を提出しなくてはなりません。

　この届出書は、「この贈与者（特定贈与者）からの贈与は相続時精算課税の適用を受ける」という意思表示のために申請するものです。**届出書を提出すると、指定した特定贈与者からの贈与については、その後は相続時精算課税で贈与税が計算されます。**

　もし、相続時精算課税を利用するつもりで贈与を受けたにもかかわらず、提出期限までに届出書を提出できなかった場合、相続時精算課税による税額計算はできません。

　こうなると、暦年課税で贈与税を計算するほかなく、「特別控除2500万円を頼りにしていたのに、基礎控除110万円しか引けない」という事態になってしまいます。

また、のちほど説明する**配偶者控除**や**住宅取得資金贈与の特例**のような贈与税を下げる特例を使う場合も、贈与税の申告が必要です。特例を使って贈与税がゼロになるとしても、申告書は必ず提出してください。

6⁴ 土地や建物を贈与するなら「評価額」に要注意

　贈与税を計算するとき、現金や預貯金なら計算は簡単です。ところが、たとえば不動産をやりとりするときは、それが数字にするといくらなのかを算定（評価）しなくてはいけません。

　評価の方法は財産によってさまざまですが、最低限、建物と土地の評価計算の基本は理解しておきましょう。

　自宅の建物や空き家の場合、**固定資産税評価額**を使います。これは毎年送られてくる固定資産税の通知で確認できます。この数字を贈与税や相続税の計算に使います。

　一方、**土地については、場所によって次の2つの方法で計算するのが基本です。** 市街地の場合は**路線価地域**に、その他の農村などは**倍率地域**に設定されています。

> **路線価地域：路線価を基準に計算**
> **倍率地域：固定資産税評価額に一定倍率を掛けて計算**

　路線価地域では、国税庁が道路ごとに設定している「1㎡あたりの価格」をベースに評価をします。たとえば路線価20万円の道に接している土地を200㎡持っていたとしましょう。この場合、贈与税や相続税を計算するときは、「20万円×200㎡＝4,000万円」とし

て扱うのです。

　実際はさらにここから土地の形状や利用状況などで調整しますが、基本的には「路線価×面積」と考えておいていいでしょう。

6⁵ 農村など倍率地域の土地の評価方法は？

　農村など、倍率地域の土地の場合は、固定資産税評価額がベースになります。

　倍率地域は、固定資産税評価額に倍率を掛けるわけですが、この倍率も国税庁が設定しています。

　たとえば固定資産税評価額500万円の土地で、倍率が1.1に設定されていたら、500万円×1.1＝550万円と計算します。

　路線価地域も倍率地域も、国税庁の設定を見なければ計算できません。これらの情報は、国税庁ホームページで路線価図として公開されています。

　路線価図は地図のようになっているので、評価をしたい土地を探して、路線価などを調べることができます。

　この路線価図が更新されるのが、毎年7月1日です。土地の贈与を行うのであれば、事前に路線価図を見ておくことで、ざっくりと評価計算をすることができます。

家族間でお金を渡す「贈与」の節税ワザ

路線価図・評価倍率表のURL
https://www.rosenka.nta.go.jp/index.htm

路線価図は毎年7月1日に更新されるので、贈与や相続をする場合は要チェック！

6⁶ 結婚して20年以上たっていれば使えるおしどり贈与

　夫婦間で贈与をするときに使える特例があります。**配偶者控除**という制度ですが、これは所得税の配偶者控除（24ページ）とは別物です。贈与税の配偶者控除には**おしどり贈与**という通称があるので、ここからは通称で説明をします。

　おしどり贈与は、婚姻期間20年以上の配偶者同士で、自宅の土地建物や、住宅取得資金を贈与した場合に使える制度です。 この特例を使って贈与税の申告をすると、通常の基礎控除110万円に加えて、**2,000万円の控除**を使えるようになります。

　おしどり贈与で気をつけたいポイントは **「同じ配偶者からの贈与については、一生に一度しか使えない」** という点です（おしどり贈与を使ったあと離婚して、再婚後さらに20年経てば再びおしどり贈与を使えますが、これは現実的ではないでしょう）。おしどり贈与は一度きりのチャンスと考え、慎重に判断してください。

　もうひとつ、**生前贈与ではなく、相続で配偶者に自宅を引き継げば、相続税の配偶者控除や小規模宅地等の特例という、大きな節税効果のある制度を使える**という点も覚えておきましょう。

　これら相続税の制度については第7章でくわしく説明しますが、わざわざ生前贈与・おしどり贈与を使わなくても、相続まで待ったほうが節税できるケースがあるのです。

家族間でお金を渡す「贈与」の節税ワザ 6

おしどり贈与を使うなら、「生前に確実に自宅を配偶者に渡しておきたい」といった事情がある場合がよいと思います。

6 マイホーム購入資金の 援助も非課税に

これから家を買おうとしている人は、贈与税の**「住宅取得資金贈与の特例」**を使うチャンスです。

これは「両親から子」「祖父母から孫」など、「直系尊属からの贈与」が前提条件ですが、**住宅の新築や購入、増改築（以下「取得」）のための資金を贈与されたときに非課税枠が設けられます。**

ちなみに「配偶者の両親」や「配偶者の祖父母」から贈与された場合は、この特例を使うことができません。

たとえば夫名義で住宅を購入するとして、妻の父親から資金を出してもらった場合、住宅取得資金贈与の特例を使えないのでくれぐれも注意してください。

もし、妻の父親から「贈与したい」という話が来たら、家の名義の一部を妻にしましょう。そうすれば、妻が住宅取得資金贈与の特例を使うことができます。

それでは、住宅取得資金贈与の特例による非課税枠を見ていきましょう。

これは、**「契約日」「省エネ等住宅かどうか」「取得時に消費税が10%かかったか」**という3要素で決まります。中古物件を

198

家族間でお金を渡す「贈与」の節税ワザ 6

買うときはふつう消費税がかからないので、その分、贈与税の非課税枠が小さくなります。

　次に、住宅取得資金贈与の特例の要件について確認しておきましょう。**「受贈者に関する要件」**と、**「住宅に関する要件」**の両方を満たす必要があります（次ページ参照）。

住宅用家屋の新築等に係る対価等の額に含まれる
―― 消費税等の税率が10％の場合 ――

住宅用家屋の新築等に係る契約の締結日	省エネ等住宅	左記以外の住宅
平成31年4月1日～令和2年3月31日	3,000万円	2,500万円
令和2年4月1日～令和3年12月31日	1,500万円	1,000万円

―― 上記以外の場合 ――

住宅用家屋の新築等に係る契約の締結日	省エネ等住宅	左記以外の住宅
～平成27年12月31日	1,500万円	1,000万円
平成28年1月1日～令和2年3月31日	1,200万円	700万円
令和2年4月1日～令和3年12月31日	1,000万円	500万円

マイホームを買うためのお金を親からもらう場合は、名義に気をつけよう！

199

【受贈者に関する要件】

①贈与を受けた時に贈与者の直系卑属（子や孫など）である

②贈与を受けた年の1月1日において、20歳以上である

③贈与を受けた年の年分の所得税に係る合計所得金額が2,000万円以下である

④平成21年分から平成26年分までの贈与税の申告で「住宅取得等資金の非課税」の適用を受けたことがない（一定の場合を除く）

⑤配偶者、親族などの一定の特別の関係がある人との売買契約や請負契約などで取得した家屋でない

⑥贈与を受けた年の翌年3月15日までに住宅取得等資金の全額を充てて住宅用の家屋の新築等をすること

⑦贈与を受けた時に日本国内に住所を有している（一時居住者などの例外あり）

⑧贈与を受けた年の翌年3月15日までにその家屋に居住すること又は同日後遅滞なくその家屋に居住することが確実であると見込まれる

家族間でお金を渡す「贈与」の節税ワザ **6**

【住宅に関する要件】

① 新築又は取得した住宅用の家屋の登記簿上の床面積（マンションなどの区分所有建物の場合はその専有部分の床面積）が40㎡以上240㎡以下

② 家屋の床面積の2分の1以上に相当する部分が受贈者の居住に使われている

③ 取得した住宅が次のいずれかに該当すること

・建築後使用されたことのない住宅用の家屋

・建築後使用されたことのある住宅用の家屋の場合、築20年以内（耐火建築物の場合は築25年以内）※

※築年数の条件を満たさない場合も、耐震性能が証明されたものであれば特例を使える

　住宅取得資金贈与の特例を受けるには、贈与を受けた年の翌年2月1日から3月15日（休日の場合は翌日）までに、登記事項証明書などの必要書類を添え、贈与税の申告を行う必要があります。遅れると住宅取得資金贈与の特例を使うことはできません。期限を過ぎてから贈与税の申告をしようとすると、非課税枠が110万円のみとなってしまうので、必ず期限内に申告をしてください。

201

6 ⑧ 贈与資金を住宅ローンの返済にあててはダメ！

　住宅取得資金贈与の特例に関し、重要な注意点があります。それは、「**贈与された資金は、全額を住宅取得に使わなければいけない**」というルールです。

　たとえば親から500万円の贈与を受け、これを住宅取得の頭金に使うのなら特例の対象になります。ところが、頭金ではなく引っ越し代など違う目的で使うと、特例の対象外となります。

　とくに勘違いが多いのが「**贈与された資金を、住宅ローン返済にあてる**」というケースです。一見すると住宅取得のために使ったと思えるかもしれませんが、ローンを借りた銀行などにお金を払っているわけですから、住宅取得資金とはいえないのです。

　こうなると、特例を使えず、年間110万円を超えた贈与額に対して贈与税がかかります。

　私が税務職員だったころ、これを勘違いして予想外の贈与税を課されるケースを何度か目にしました。 本人は特例を使えると考え、贈与税の申告をしているのですが、実際は条件を満たしていないので、あとから税務署に指摘を受け、贈与税が課されます。

　ところが、贈与されたお金は住宅ローンの返済にあてているわけですから、納税しようにも資金が足りません。こうなると、期限内に納税ができないということで、**延滞税**が日割り計算でかかって

202

家族間でお金を渡す「贈与」の節税ワザ 6

きます。結局、贈与を受けず自分のお金でローンを払ったほうがよかった、といったことになるのです。

住宅取得資金として贈与を受けたら、頭金として使うものとして、いくらの贈与を受けるのかを決めましょう。 そして、贈与を受けたら、できるだけ速やかに、頭金として使い切ってください。

6⁹ 夫婦で不動産を持つときに注意すべき持分割合

　不動産の登記名義は、贈与税の問題につながりやすいです。

　たとえば共働きの夫婦が住宅を購入し、購入資金を夫婦共同で負担するのであれば、その負担の割合にしたがって不動産の登記をしなくてはなりません。**もし、購入資金の負担割合と登記の持分割合が異なっていると、贈与税の問題に発展してしまいます。**

　具体的な数字を当てはめてみましょう。

　総額3,000万円の住宅を購入するにあたって、夫が2,000万円、妻が1,000万円を負担し、所有権の登記は夫と妻それぞれの持分を2分の1ずつに設定したとします。

　この場合、妻の所有権は登記持分の2分の1ですから、本来は3,000万円の2分の1の1,500万円を負担すべきです。しかし**実際は1,000万円しか負担していないので、差額の500万円は夫から妻へ贈与があったと見られます。**

　住宅ローンを夫婦で組む場合も、この点に注意してください。たとえば、頭金など住宅ローンを夫婦で3:1の割合で組むなら、所有権も3:1にする必要があります。

　購入時にきちんと名義を設定したとしても、その後も負担割合と名義にズレがないか引き続き注意が必要です。

　自宅を購入したときは夫婦で半分ずつローンを組んでいたのに、

家族間でお金を渡す「贈与」の節税ワザ　6

その後、子育てなどで妻が仕事を辞めるといった状況を想像してください。

妻は収入がなくなるので、夫が住宅ローンを肩代わりすることになると思いますが、これも贈与税の問題に発展します。

肩代わりしている金額が年間110万円に収まればいいですが、それを超えると、肩代わりしてもらった人は贈与税の申告と納税が必要です。

持分と資金負担の差額500万円分は「夫から妻へ贈与された」と見られる

6 ⑩ 生活費や教育費が原則非課税になる**教育資金特例**

　夫婦や親子、兄弟姉妹などでお金のやりとりをするとき、それが**生活費**や**教育費**であれば、通常は非課税です。

　生活費は、日常生活に必要な費用のほか、治療費、養育費なども含まれます。教育費は、学費や教材費、文具費などを指します。

　こうした費用を支払う、あるいは支払ってもらうときは、**「必要な金額を、必要な都度」**と意識してください。

　ただ「その都度お金を受け渡しするのはめんどう」と考える人もいるでしょう。そのようなときは、**「教育資金の一括贈与に係る贈与税非課税措置」（以下「教育資金特例」）**を活用する方法があります。これは金融機関で手続きを行います。

> ①祖父母（贈与者）が、子・孫（受贈者）名義の金融機関の口座等に、教育資金を一括して預ける
> ②受贈者が、金融機関に「教育資金非課税申告書」などを提出
> ③受贈者が教育費を支払い、領収書をもらう
> ④受贈者が金融機関に領収書を提出し、資金を引き出す

　教育資金特例を使えば、入学金や授業料、学用品費などは1500

家族間でお金を渡す「贈与」の節税ワザ 6

万円まで、学習塾や習い事、通学定期代など、学校以外の費用は500万円まで非課税となります。ただし、受贈者となる子や孫が30歳になると、使い切れなかった分に贈与税がかかります。使い残しが出ないように、計画的に使いたい制度です。

※学校等以外の者に支払われる金銭については500万円を限度

6 11 「結婚・子育て特例」で資金の援助が非課税に？

結婚や子育て資金の贈与に使える、贈与税の特例（以下 **「結婚・子育て特例」**）があります。結婚費用や子育てのための費用を両親や祖父母に負担してもらった場合、贈与税を非課税にするというものです。**非課税枠は、結婚・子育て資金を合わせて1000万円、結婚資金は300万円までです。**

結婚・子育て特例は、いまのところ令和5年3月31日に終了となる予定です。手続きの流れは教育資金特例と同様に、金融機関等で行います。

気をつけたいのが年齢に関するルール。受贈者には **「20歳以上50歳未満」** という制限があります。たとえ金融機関で手続きをしたとしても、**結婚や出産が遅れて50歳になると、使い残した金額に贈与税がかかります。** また、非課税枠を使い切る前に贈与者が死亡した場合には、相続税の対象となります。

教育資金特例と結婚・子育て特例に共通していえることですが、教育や結婚、子育てで計画外のことが起きると非課税枠を使い切るのが難しくなります。

そもそも、**必要な都度、教育資金などを渡したり、年間110万円の基礎控除を使ったりすれば、たいていは贈与税を負担せずに済**

むはずです。まずはこうした方法を考え、どうしてもまとまった金額を贈与したいときは特例を検討するのがいいと思います。

結婚資金の例

- 挙式費用
- 結婚披露宴の費用
  （婚姻の日の1年前の日以後に支払われるものに限る）
- 新居の家賃、敷金等、転居費用

子育て費用の例

- 不妊治療・妊婦健診の費用
- 分べん費・産後ケアに要する費用
- 子の医療費
- 幼稚園・保育所等の保育料
  （ベビーシッター代を含む）

6-12 「贈与」なのか「貸し借り」なのかを明確に

最後に、税務調査でよく問題になる、**「贈与なのか貸し借りなのか」** という点に触れたいと思います。

家族間でお金のやりとりがあった場合、贈与なら贈与税がかかりますが、貸し借りなら税金はかかりません。贈与税や相続税の調査のとき、この点が検討項目になります。

当然、**納税者は税金がかからないため「これは貸し借り」と主張することが多いのですが、それには根拠が必要です。**

たとえば、金銭消費貸借契約書などの書面が一切なく、返済された形跡もない。納税者に話を聞いても、「催促されなかったから返済していない」「出世払いのつもりだった」という説明だと、貸し借りがあったと認められないでしょう。

また、契約をきちんと交わしても、借入金が無利子に設定されていたら、「通常かかるはずだった利子の金額分の贈与があった」という判断になります。

家族だからと、お金のやりとりを"なあなあ"にしていると、いろいろな問題に波及します。まずは贈与なのか、貸し借りなのかを、書面などで明確にすることが大事です。

第7章

トラブルにならない「相続」の 節税ワザ

7 法改正でだれでも必要になった相続税の知識

1

　本書もついに最後の章です。ここでは**相続税**の基本的なルールを説明します。相続税は、所得税などのように頻繁に出てくる税金ではありませんが、**だれでも一生に一度は直面するものです。**

　相続税は、ここまでに説明してきた税金と違う点が多々あります。少なくとも、次の点は押さえておきましょう。

＜相続税の特徴＞

①亡くなった人（被相続人）の財産に対してかかる

②法定相続人の数によって税額が変わる

③相続開始日（通常は死亡日）の翌日から10か月以内に申告が必要

　所得税をはじめ、多くの税金は1年単位で計算し、個人で手続きをします。ですから、本人が1年分の情報をまとめれば、手続きを終えることが可能です。

　ところが、相続税は被相続人の財産などをすべて調べ、相続人同士でどのように遺産を分割するかを決めなければ、最終的な税額を出すことができません。

　また、**申告期限までに10か月の期間があるとはいえ、葬儀や法**

要などもあるわけですから、期限内に相続税の申告書をつくるのはかなり大変です。

　少し前までは、相続税の申告が必要なのは日本人の5％に満たない富裕層に限られていました。しかし、税制改正によって2015年から対象者が一気に倍増しています。

確実に、相続税は以前より一般的な税金になっていますし、今後はさらなる対象者の拡大も考えられます。 相続税の基本的なルールは、いまやだれもが理解しておく必要があるのです。

7-2 相続税で気をつけたい「名義預金」の扱い

　相続税の対象となる財産は、**「ほぼすべての財産」**と思っておいてください。代表的なものは「預貯金」「土地」「建物」「有価証券」「生命保険」で、書画骨董や自動車、家財道具なども相続税の対象となります。

　非課税となるものは、お墓や仏壇、仏具などです。ちなみに、**仏具でも、相続税対策としてあとで換金できる純金製のものを買ったりすると、課税対象となることがあります。**

　相続税のかかる財産のうち、気をつけたいのが**「被相続人の名義ではない財産」**。たとえ名義が家族名義や無記名でも実質的に被相続人の財産と判断され、相続税の対象になるケースがあります。

　家族名義の預金であっても被相続人の預金として扱われるものを**名義預金**といいます。**名義預金は相続税の税務調査でほぼ確実に問題となります。**

　たとえば妻名義の預金があり、その妻に収入がない場合、名義預金の疑いをもたれるのがふつうです。

　名義預金の判断は、だれが稼いだ財産なのか、通帳を管理していたのはだれか、お金はどのように使われているのか、といった複数の要素から判断されます。

　名義預金は、たまたまへそくりが貯まるなどして生まれるケース

もありますが、意図的に相続税逃れとして利用される可能性もあります。

こうした意味からも、ご家庭の預金に対して税務署のチェックが厳しくなります。

そのため、日頃から家庭のなかのお金の流れを整理して、税務調査などの際にきちんと説明できるようにしておきましょう。

仏壇や仏具は、ふつうは非課税だけど、純金製など、相続税対策とみられるものは課税対象になる！

7 不動産を購入すると 相続税が減る理由

ときどき「相続税対策のために不動産を買う」といった話を聞きます。実際、不動産を買うことで相続税が下がることがあるのですが、その理由は「不動産は時価よりも低く評価される」からです。

192ページで説明したとおり、不動産は**路線価**や**固定資産税評価額**を基準に計算されます。これは、**基本的に時価の7〜8割になるよう設定されています。**

たとえば、1億円で不動産を購入すると、相続税を計算するときには7,000万円〜8,000万円ほどの評価額になります。現金としてもっていたら1億円なのに、不動産に変えることで、相続税の課税価格を下げることができるというわけです。

また、**購入した家や土地を賃貸に出せば、さらに評価額を下げることができます。**これは、家を借りている人の権利**（借家権）**や、土地を借りている人の権利**（借地権）**に相当する金額を差し引いて、評価計算をするというルールがあるからです。

このように、余っている現金や預金を相続前に不動産に変えることが節税につながるのは事実です。

しかし、むやみに不動産を買えばいいわけではありません。買うのであれば、**「価値のある不動産を買う」**ということが大事です。

もし、1億円で不動産を買って相続税を節税できたとしても、そ

の後、空き家になってしまったり、売ろうとしても半値でしか売れなかったりすると、結局は損ですよね。相続税の評価額は抑えつつも、将来は売却益が出るような不動産を買うのが理想です。

7 ④ なぜタワマンを買うと節税になるのか？

前の項目で説明したしくみを効果的に使っている手法が、俗に
「タワマン節税」 とよばれるものです。

20階を超えるようなタワーマンションは、一般的に階層が高く
なるほど高値で取引されています。都心では1階と最上階で1,000万
円近く差が出ることもあります。

タワーマンションは都心に建てられることもあり、売却益を狙っ
て購入している人も多いようです。

一方、**相続税のルールでは、路線価は場所によって設定されてい
て、高さは影響しません。** 同じ広さの家であれば、1階でも50階で
も相続税の評価額は基本的に同じです。

しかも、**マンションの敷地の評価額は、各部屋の持分割合に分け
て計算されるので、タワーマンションは部屋数が多い分、評価額が
低く抑えられます。**

これらの理由から、タワーマンションの高層階の場合、相続税評
価額が時価よりもかなり低く抑えられるのです。

ただし、落とし穴があります。

**国税局や税務署から、通常の評価方法が「著しく不適当」と判断
されると、路線価ベースではなく、時価に基づいて相続税が計算さ
れてしまう可能性があります。** いわゆる、**"行き過ぎた節税行為"**

とみなされると、このような取り扱いがなされます。こうなるとタワマン節税の効果は無になり、むしろ一般的な不動産よりも高く評価されてしまいます。

このような理由から、**節税効果を狙ってタワーマンション購入に踏み切るのは、一般の人にはハードルが高いでしょう。**基本的なルールを押さえつつ、実際に購入する前に税理士に相談して判断するのが無難です。

7⁵ 相続で土地を分割するときに起きる問題とは

「現金を不動産に変えることで節税につながる」と説明しましたが、現金を不動産に変えると**遺産分割**のハードルは上がります。想像していただくとわかると思いますが、**現金を分けるのと、不動産を分けるのでは、不動産のほうがはるかにめんどうなのです。**

不動産を等しく分けるために**共有持分**にする方法はありますが、共有にすると、将来売却するときに手間がかかります。売買契約や代金の清算などが複雑になり、登記で支払う登録免許税もかさみます。共有者全員の合意がなければ売ることも難しくなるでしょう。

こうしたとき、1つの選択肢になるのが、**代償分割**や**換価分割**という特殊な分割方法です。

代償分割は、**特定の相続人が不動産を相続する代わりに、その人からほかの相続人にお金を支払うという方法**です。たとえば1億円の不動産を長男が単独で相続する代わりに、もうひとりの相続人に5000万円を支払うといった感じです。

ただ、代償分割を行うには、ほかの相続人に支払えるだけの現金が必要ですから、だれでもできるわけではありません。そうしたときは、「換価分割」という、**相続財産を売却して、その代金を分割するという方法**が使えます。

注意したいのは、**不動産によっては、分割の仕方によって相続税**

額が変わるという点です。 たとえば、のちほど解説する **「小規模宅地等の特例」** は、被相続人の居住に使っていた土地の評価額を下げるものですが、だれが相続するかによって条件が変わります。

また、換価分割を行うには、不動産を売却する必要があるので、156ページで説明した **譲渡所得** の問題が生じます。そもそも、換価分割は売却が前提の方法なので、将来的にその不動産を使いたいのであれば、選択することはできません。

このように、**相続財産に不動産があると、遺産分割や税金上の問題が発生してきます。** 単純に「現金は不動産にしたほうが節税できてお得」というわけではないのです。

7 ⑥ 生命保険・死亡退職金は非課税枠がある

　相続税の計算で特殊な扱いとなるのが、被相続人を被保険者とする**死亡保険金**（生命保険金、損害保険金など）と**死亡退職金**（退職金、功労金など）です。

　これらは被相続人が死亡した時点ではお金になっておらず、死亡後に支払われますが、**「みなし相続財産」**として相続税の対象となります。

　死亡保険金・死亡退職金には、それぞれ非課税枠が設けられています。この非課税枠は、それぞれ**「500万円×法定相続人の数」**で計算されます。

　たとえば法定相続人が3人なら、死亡保険金と死亡退職金は、それぞれ1,500万円まで非課税になります。

　預金で相続するとそのまま相続税がかかりますが、預金の一部を死亡保険に加入しておけば、非課税枠が使えるわけです。**これを使わないのはもったいないので、高齢になったら非課税枠を目安に死亡保険に入ることを考えてみましょう。**

　一方、相続税がかかる死亡退職金は、**「死亡後3年以内に支給が確定したもの」**に限られるという点に注意してください。

3年を超えて確定したら、相続税ではなく、受け取った人の一時

トラブルにならない「相続」の節税ワザ 7

所得として所得税がかかります。 こうなると相続税の非課税枠が使えませんから、死亡退職金をもらうときは、タイミングを確認する必要があります。

死亡保険金の非課税枠

=

500万円 × 法定相続人の数

例

法定相続人が「妻」「子2人」の3人だったら、
500万円 × 3人 ＝ 1,500万円 まで、
死亡保険金が非課税になる！

現金で相続するよりも、保険金の支払いで相続したほうが節税できる！

7 生前贈与の**3年ルール**に気をつけよう

　第6章で贈与税について説明しましたが、贈与税と相続税は密接に関係しています。

　たとえば親から子に**生前贈与**をすると贈与税がかかりますが、その分、親の財産が少なくなるので相続税は減ります。逆に、まったく生前贈与をしなければ、相続財産が多く残るので、その分相続税がかかります。

　このように、**贈与税と相続税はトレードオフの関係にあるので、バランスを考える必要があるのです。**

　生前贈与をする金額の目安になるのが、**「贈与税の非課税枠」**です。**贈与税の暦年課税の場合、年間110万円の基礎控除があります。**これをうまく使えば、贈与税がかからないように生前贈与をして、さらに相続税を抑えることが可能です。

　たとえば、生前に毎年100万円ずつ、親から2人の子に贈与をしたとしましょう。1年あたりの贈与額は基礎控除の110万円以内なので、贈与税はかかりません。

　これが10年続けば、10年×100万円×2人で、合計2000万円の財産が、親から子に無税で渡ります。生前贈与をすることで、この2000万円は相続税の対象からも外れます。

トラブルにならない「相続」の節税ワザ 7

　このときに気をつけたいのが**「相続開始前3年以内の贈与は、相続税の対象にする」**というルールです。たとえば、**2021年4月に死亡した親から2020年2月に100万円の贈与を受けていたら、この100万円は相続税の対象になってしまうのです。**

　話をまとめると、生前贈与は相続税対策として有効なのですが、死亡前の3年間に生前贈与をしても相続税の節税効果はない、ということです。**両親の死期が近いからと慌てて生前贈与をしても、相続税対策にはなりません。** 相続税対策として生前贈与をするのであれば、早め早めを意識して行ってください。

225

7-8 相続時精算課税で節税できるのはどんな場合？

第6章で贈与税の相続時精算課税について、非課税枠の2500万円も含め、将来の相続税の対象となると説明しました。この意味から、暦年課税を選択して毎年110万円の基礎控除を使いながら生前贈与をするほうが、シンプルかつ効果的だと思います。

ただ、**相続時精算課税を選択したほうが、相続税対策になるケースがないわけではありません。** どのようなケースかというと、**「将来的に値上がりする財産」** を生前贈与する場合です。

たとえば、1000万円と評価される株式を生前贈与し、相続発生時には3000万円に値上がりした場合、**評価額1000万円の時点で相続時精算課税の申告をしたら、将来相続が生じた場合も1000万円の株式として相続税を計算できるのです。** これは、相続税の対象財産を2000万円圧縮したのと同じです。一方、逆に値下がりする資産を生前贈与した場合は、相続時精算課税を選択することで相続税がむしろ増えてしまう点には注意してください。

もう1つ、相続時精算課税が効果的な状況があります。

次の項目でくわしく説明しますが、相続税には**基礎控除額**があり、**遺産金額や法定相続人の数によっては相続税がかかりません。**

たとえば生前贈与は相続時精算課税の非課税枠2500万円をピッタリ使い切り、その後、贈与者である父親が亡くなった場合。この

とき、生前贈与の2500万円と父親の死亡時点の財産を合計して基礎控除額以内に収まるなら相続税はゼロです。こうなると贈与税も相続税も払わず、父親から子に財産を移すことができます。

このように将来の相続のことも先読みできるのであれば、相続時精算課税も有効な選択になります。

7⁹ 相続人の数によって相続税はゼロになるかも

　相続税がかかるのかどうかを判断するとき、最初に調べたいのが、**「基礎控除額」**です。

　相続税は、相続などによって財産を取得した各人の**「課税価格の合計額」**に対してかかります。この課税価格の合計額が基礎控除額を下回れば、相続税はかかりません。

　課税価格の計算方法は次の算式のとおりですが、ひとまずは、**被相続人の預金などの「プラスの財産」から、借金などの「マイナスの財産」を引いた金額**をイメージしてください。

> 課税価格 ＝
> 「相続や遺贈によって取得した財産の価額」＋「相続時精算課税を適用した財産の価額」－「債務・葬式費用の金額」＋「相続開始前3年以内の贈与財産の価額」

　次に、基礎控除額の計算式を見てみましょう。

> 3,000万円 ＋（600万円×法定相続人の数）

「法定相続人の数」はのちほど解説しますが、たとえば、ある人が亡くなって、妻と子2人が残された場合、法定相続人は3人ですから、

基礎控除額は4,800万円になります。

　このように基礎控除額を調べられれば、「うちには4,800万円も財産がないから、相続税はかからない」「基礎控除額を超えそうだから、相続税の準備をしないと」といった判断ができます。

　ちなみに、のちほど説明する**小規模宅地等の特例**や**相続税の配偶者控除**などを使うことで、課税価格の合計額が基礎控除額を下回ることがあります。**このような特例を使う場合、たとえ相続税がゼロでも相続税の申告が必要となる点に注意してください。**

7 どこまでが「法定相続人」なのかを数えよう

法定相続人は、家族構成に応じて自動的に決まります。

つねに法定相続人となるのは配偶者です。夫が亡くなったときは妻が、妻が亡くなったときは夫が、必ず法定相続人になります。

さらに、次の3パターンに該当する人がいた場合、その人も法定相続人となります。「①がいなければ②」「①も②もいなければ③」というかたちで、法定相続人が決まります。

> ① 被相続人の子
> ② 被相続人の父母
> ③ 被相続人の兄弟姉妹

被相続人が妻子を残して死亡したのであれば、法定相続人は妻と子になり、父母や兄弟姉妹は法定相続人にはなりません。一方、妻子がいない状態で死亡すれば父母が、妻子も父母もいなければ兄弟姉妹が法定相続人になります。

ここまでが法定相続人の基本的な考え方ですが、被相続人が亡くなる前に、本来は法定相続人となるはずだった人が亡くなっていた場合、**「代襲相続」** という特別なルールが出てきます。以下のように、法定相続人の地位が別の親族に引き継がれるのです。

トラブルにならない「相続」の節税ワザ 7

> 【代襲相続のパターン】
> ① 被相続人の子 → 被相続人の孫 など
> ② 被相続人の父母 → 被相続人の祖父母 など
> ③ 被相続人の兄弟姉妹 → 兄弟姉妹の子（甥や姪）

代襲相続が起きると、法定相続人の数が変わる可能性があります。たとえば、以下のケースだと、もともと配偶者と子2人を合わせた3人が法定相続人ですが、代襲相続が起きているので、配偶者と子1人、孫2人を合わせた4人が法定相続人となります。

こうなると、代襲相続が起きる前は基礎控除額4800万円だったものが、5400万円に増えることになります。

家族構成次第で相続税の金額は変わるので、まずは家系図をつくって、だれが法定相続人になるのかを確認するのがいいでしょう。

7 11 孫を養子にするメリットと デメリット

　法定相続人の数が増えれば、基礎控除額が増え、相続税は下がります。

　この法定相続人の数は、**養子縁組**で増やすことが可能です。

　ただし養子をたくさん増やせばいいかというと、そうではありません。

　昔はお金持ちの人が何十人もの養子をつくって相続税を免れた事例があるようですが、いまは制限がかかっています。

> **被相続人に実子がいる場合**：法定相続人となる養子の数は1人まで
>
> **被相続人に実子がいない場合**：法定相続人となる養子の数は2人まで

　明らかに相続税逃れのために養子縁組をしたと判断される場合、法定相続人の数に入れないというルールもあります。

　養子を考えるときは孫を養子にするのが一般的ですが、注意が必要です。

　それが**「2割加算」**というルールです。配偶者や一親等の血族以外の人に相続税がかかる場合、2割アップになります。

232

トラブルにならない「相続」の節税ワザ 7

じつは、孫を養子にした場合も、この2割加算の対象になるのです。

孫を養子にすると、基礎控除が増えることのメリットと、2割加算によるデメリットが生じます。どちらが有利かは財産状況や、どのように遺産を分割するかで変わります。

7 12
相続税の配偶者控除で相続税ゼロに

相続税にもさまざまな節税方法があります。代表的なものが**「配偶者の税額軽減（配偶者控除）」**と**「小規模宅地等の特例」**です。

配偶者控除は「1億6,000万円」もしくは「法定相続割合に応じた金額」に収まれば、なんと相続税がゼロになります。

たとえば、相続人が、「配偶者と子」なら、配偶者の法定相続分は2分の1です。したがって、遺産の2分の1までの相続であれば、配偶者に税金はかかりません。課税対象となる相続財産が10億円あれば、このうち5億円までなら配偶者が相続することで相続税を軽減できます。

一般的なご家庭であれば、遺産をすべて合わせても1億6,000万円に収まるでしょう。こうなると、**すべての財産を配偶者が相続しても、相続税を一切払わずに済みます。**

ただし、相続税の配偶者控除を使うときは、**「将来にその配偶者が死亡したときの相続税」**のことも考えておく必要があります。

たとえば、父、母の順番で相続が発生するとします。このとき子どもの立場に立つと、父が死亡したとき**（一次相続）**と、母が死亡したとき**（二次相続）**の2回分の相続税の問題が起きます。

ここで、一次相続のときに配偶者控除を最大限利用すると、その分、二次相続のときに相続税のかかる財産が多くなってしまいます。

トラブルにならない「相続」の節税ワザ 7

すると、二次相続のときに子どもにかかる相続税が重くなってしまうのです。

配偶者控除は配偶者が相続を受けるときに限って使えるものですから、子が相続するときには使えません。 したがって、一次相続の段階から、特例を使えない二次相続のことも想定して、遺産分割を決める必要があります。

7 13 相続する家に住み続けるなら 自宅の評価額を減らせる

　次に、相続税の節税効果の高い**「小規模宅地等の特例」**を取り上げます。

　この特例は、相続税を計算するときに、土地の評価額を大きく引き下げてくれます。

　どれくらい評価額が下がるのかは、土地の用途や、だれが相続するのかなどで変わりますが、代表的なケースとして、**「被相続人が相続開始直前まで住んでいた土地」（居住用宅地）**のケースを説明しましょう。

　居住用宅地の場合、**上限330㎡までは評価額が80%減額となります。** たとえば、200㎡の居住用宅地で、本来の評価額が5000万円であれば、5000万円×80％＝4000万円分の評価額が減額となり、1000万円の評価額になります。

　小規模宅地等の特例を使うときに気をつけたいのは、相続する人によって制約が加わるという点です。**居住用宅地を相続したのが「配偶者」であれば、無条件に80%減となります。** しかし、配偶者以外の人が相続したときは、「同居親族」と「非同居親族」で条件が変わります。

　同居親族の場合、相続したあと、相続税の申告期限まで居住用宅地を所有することが条件です。同居する親が亡くなったといって、

トラブルにならない「相続」の節税ワザ　7

すぐに自宅を手放してしまうと、小規模宅地等の特例を使えなくなります。

そして、**もっとも条件が厳しいのが、非同居親族が相続した場合です。**この場合、複数の条件を満たす必要があります。おもな条件が、次のとおりです。

- 被相続人に配偶者がいない。
- 被相続人と同居していた相続人がいない。
- 居住用宅地を相続する人が、それまでに持ち家を所有したことがない。
- 相続した居住用宅地を、相続税の申告期限まで所有し続ける。

要は、親が一人暮らしをしていた土地家屋を、自宅をもたない相続人が相続したときに限って、特例を認めるということです。

このように、非同居親族が居住用宅地を相続するときはハードルが高くなります。小規模宅地等の特例を使えるかどうかで80％も評価額が変わるわけですから、遺産分割を決めるときは慎重に考えてください。

もともと同居してない人だと、かなりハードルが高くなるよ！

237

7 14 相続争いを避けると節税になる理由

　ここまでに説明した相続税の配偶者控除と、小規模宅地等の特例には、共通する注意点があります。**これらの特例は、遺産分割が終わらないと使えません。**

　遺産分割は、被相続人の遺言にしたがって分割するか、遺言がなければ**遺産分割協議**を行って分割するのが一般的です。

　遺産分割協議を行う場合、話がまとまればいいのですが、うまくいかないこともあります。そうすると、配偶者控除も、小規模宅地等の特例も使えなくなります。

　つまり、**相続争いを避けて遺産分割協議を順調に進めることは、節税に直結する**というわけです。

　前に説明したように、**相続税の申告期限は10か月以内**です。この期限に間に合うように遺産分割協議を行い、特例を使った相続税申告を行うのが理想的ですが、そう順調に話がまとまらないこともあるでしょう。

　そういうときは、相続税の申告期限が来る前に、税務署に**「申告期限後3年以内の分割見込書」**（以下「分割見込書」）という書面をつけて相続税の申告書を出してください。ここで出す相続税の申告書は、法定相続分で遺産を分けたとして相続税を仮計算したものになります。

このような手続きをきちんとしておけば、申告期限後に遺産分割が終わった場合、相続税の申告をやり直すことができます。

最初に出す仮の申告は配偶者控除や小規模宅地等の特例を使わずに計算するので、本来の税額よりも高くなるのがふつうです。**あとで特例を使って計算をやり直すと、通常は還付金がもらえます。**

分割見込書はたった1枚のペーパーですが、相続税に大きな影響がある書面です。相続が発生したときに向けて、分割見込書のルールは忘れないようにしてください。

国税庁のサイトからダウンロードできます
https://www.nta.go.jp/taxes/tetsuzuki/shinsei/annai/sozoku-zoyo/annai/2327.htm

7 15 相続した家や土地を売る ベストタイミング

　親の家を相続しても使いみちがない場合、売却を考えると思います。このとき手に入れたお金は譲渡所得になるので、所得税や住民税がかかってきます。

　譲渡所得については第5章でも説明しましたが、あえてこのトピックをここで説明するのは、相続税と関係するからです。

　まず、**家を売るタイミングは「小規模宅地等の特例」を考慮する必要があります。** 237ページで述べたように、配偶者以外の相続人が相続する場合、少なくとも相続税の申告期限まではその家や土地を所有し続けなければいけません。**被相続人の死亡日から10か月は売らずに持っておく必要があります。**

　次に考えたいのが、譲渡所得の特例のひとつ、**「取得費加算の特例」** です。この特例を使うと、譲渡所得を計算する際に、相続税として納めたお金の一部を取得費に加算できます。

　この取得費加算の特例を使うには、**「相続税の申告期限から3年以内に売却する」** という条件があります。この期限を過ぎてしまうと、たとえ相続税を支払っていても、譲渡所得の取得費としては認められません。

　話をまとめると、小規模宅地等の特例の「相続税の申告期限から10か月は持っておく」と、取得費加算の特例の「相続税の申告期

240

トラブルにならない「相続」の節税ワザ 7

限から3年以内に売る」というルールの両方を満たすタイミングで売却するのがベストです。

7 空き家になった田舎の実家を売るなら

16

　もうひとつ、実家を売却するときに検討したい特例が、譲渡所得の「**3000万円控除**」です。

　3000万円控除は第5章の160ページでも取り上げましたが、基本的には住んでいる家を売った場合に使える特例です。なので、親が亡くなって空き家になったときは、本来は3000万円控除の対象にはなりません。

　ただ、**平成28年4月1日から令和5年12月31日までの間に売ったときに限って、親が住んでいた空き家に3000万円控除が使える可能性があります。** そのためのおもな条件は次のとおりで、建物が条件を満たしていれば、その建物の敷地も3000万円控除の対象となります。

＜建物の条件＞

● 昭和56年5月31日以前に建築されたこと。

● 区分所有建物登記がされている建物（マンションなど）でないこと。

● 相続の開始の直前において被相続人以外に居住をしていた人がいなかったこと。

このほかにも、売却代金が1億円まで、ほかの特例と重複できないケースがある、といったこまかな条件がありますが、とくに覚えておきたいのが**「相続開始日から3年を経過する日の属する年の12月31日までに売る」**というものです。

もし2021年3月に相続が開始したのであれば、2024年12月31日までに売らなければ、3000万円控除は使えません。

前の項目で説明した取得費加算の特例と同様、<u>**売却タイミングが重要なので、実家をどうするかは早めに決める必要があります。**</u>

おわりに

　最後までお読みいただき、ありがとうございます。

　本書の内容を振り返って、我ながら、「よくもこれだけ幅広い内容を詰め込んだな」という思いです。

　章ごとに切り分けた内容は、書こうと思えばそれぞれが本1冊のボリュームになるものです。実際、「確定申告の本」「節税の本」「相続税の本」といったように、くわしくまとめられた本が、すでに多く書店に並んでいます。

　今回、あえてこのような網羅的な本を書いた理由は、まえがきでも書いたことと重なりますが、「情報が多すぎて、自分に関係する情報を見つけにくくなっている」という状況に問題意識があったからです。

　いまは、ある程度の知識をもっている人にとっては便利な世の中です。気になるトピックをキーワード検索したり、本を探したりすれば、必要な情報にたどりつくことができます。

　でも、そもそも知らないことは、調べようがありません。

　たとえば贈与税の存在を知らない人は、不動産の名義を家族に変えた後に、税務署から多額の贈与税がかかることを知らされて驚くかもしれません。譲渡所得の特例があることを知らない人は、自宅を売ったときに必要以上に多くの税金を支払うことになるでしょう。

　私が税務職員として税務調査や確定申告書の審査などを行ってい

た頃、「そんなルールは知らなかった」「教えてくれればよかったのに」といったことを、納税者の方から言われることがありました。

　もちろん、国税庁や国税局、税務署は税金のルールを、ホームページやパンフレットなどで周知しています。ですが、当事者のところに必要な情報を届けるのは簡単なことではありません。これはライターとして情報を伝える仕事をしている今、さらに強く感じていることです。

　本書では、生まれてから死ぬまで、人生の中で多くの人が関係すると思われるトピックを取り上げました。そして、それぞれの内容は読みやすくするために、軽めのボリュームにしています。

　この本を通じて、「たしかこういう制度があったな」「こういうときは慎重に考えないと」などと、後で思い返してもらえれば、私は十分と考えています。あとは、皆様の知りたい情報を国税庁の公式情報などでくわしく確認していただければ、税金で大きな損をすることはないでしょう。

　好むと好まざるとにかかわらず、人生のなかで税金は常につきまといます。

　元税務職員としては、そうした悩みを本書で少しでも軽くできたのなら、とても嬉しく思います。

小林義崇

索引

●あ行

青色事業専従者給与（あおいろじぎょうせんじゅうしゃきゅうよ）……………… 102、103

青色申告（あおいろしんこく）…… 14、83、84、85、86、98、99、100、101、102、103、104

暗号通貨（あんごうつうか）……………………………………………………… 142、143

e-Tax（いーたっくす）…………………………………………………………… 101、109

遺産分割（いさんぶんかつ）……………………… 220、221、235、237、238、239

一時所得（いちじしょとく）…………………………… 83、147、174、176、222

iDeCo（いでこ）………………… 14、44、45、59、137、138、139、142、143

医療費控除（いりょうひこうじょ）…………… 17、38、39、40、41、63、172

印紙税（いんしぜい）………………………………… 55、164、165、166

FX（えふえっくす）………………………………………………………… 144、145

延滞税（えんたいぜい）……………………… 112、113、116、190、202

おしどり贈与（おしどりぞうよ）……………………………………… 196、197

●か行

開業届（かいぎょうとどけ）……………………………………………………… 14、83

介護保険（かいごほけん）………………… 22、31、32、33、39、78、79、128

確定申告（かくていしんこく）

　… 16、17、22、26、32、37、46、47、51、62、63、64、65、66、70、77、84、86、90

　　92、96、97、98、101、104、105、107、108、110、111、112、113、114、115、116

　　124、125、126、128、129、130、131、132、136、144、145、162、163、168、169

　　170、171、172

加算税（かさんぜい）……………………………………… 110、111、190

過少申告加算税（かしょうしんこくかさんぜい）……………… 110、111、112、113

過怠税（かたいぜい）………………………………………………… 166、167

寡婦控除（かふこうじょ）…………………………………………… 42、43、59

株式投資（かぶしきとうし）………………… 14、120、122、123、124、125

　　　　　　　　　　　　　　　　 129、130、132、134、136、137

還付金（かんぷきん）……………… 36、51、63、64、66、104、129、162、163、239

企業型年金（きぎょうがたねんきん）…………………………………… 44、45

期限後申告（きげんごしんこく）………………………………………… 110、111

基礎控除（きそこうじょ）…20、21、22、59、170、186、187、189、190、196、197、208、224

寄付金控除（きふきんこうじょ）……………………………………………… 46、63

旧契約（きゅうけいやく）……………………………………………30、31、32、33

給与所得控除（きゅうよしょとくこうじょ）……………… 20、60、61、62、76

教育資金特例（きょういくしきんとくれい）…………………………… 206、208

均等割（きんとうわり）…………………………………………………… 68、69

勤労学生控除（きんろうがくせいこうじょ）……………………………………………………… 59

軽減税率の特例（けいげんぜいりつのとくれい）………………………………………… 160

KSKシステム（けーえすけーしすてむ）……………………………… 114、115

結婚・子育て特例（けっこん・こそだてとくれい）………………………… 208

減価償却（げんかしょうきゃく）………………………… 91、94、156、157、158

健康保険（けんこうほけん）……………… 22、23、54、78、79、100、107、128

源泉徴収（げんせんちょうしゅう）……………… 56、57、58、66、70、75、82、124

…………………………………………… 126、128、129、130、144、145

源泉徴収票（げんせんちょうしゅうひょう）………………………… 51、66、67

厚生年金（こうせいねんきん）………………………………………… 76、78、79

厚生年金保険（こうせいねんきんほけんりょう）………………………… 22、78

公的年金（こうてきねんきん）……………… 44、76、77、83、97、138、139

公的年金等控除（こうてきねんきんとうこうじょ）…………………76、138、139

個人型確定拠出年金（こじんがたかくていきょしゅつねんきん）……………44、137

固定資産税（こていしさんぜい）……………… 55、94、151、154、155、183、192

固定資産税評価額（こていしさんぜいひょうかがく）…… 150、151、154、155、192、194、216

雇用保険（こようほけん）………………………………………… 22、79、80

●さ行

雑所得（ざつしょとく）……… 74、76、77、82、83、84、85、86、88、90、97、114、120、121

雑損控除（ざっそんこうじょ）………………………………… 36、37、63

事業所得（じぎょうしょとく）

………17、82、83、84、85、86、88、90、97、98、99、104、114、120、121、122、140

170、171

事業税（じぎょうぜい）………………………… 55、86、87、100、107、183

事業割合（じぎょうわりあい）……………………………… 92、93、94

地震保険料控除（じしんほけんりょうこうじょ）………………………… 22、34、59

自動車重量税（じどうしゃじゅうりょうぜい）…………………………… 55、91、179

自動車税（じどうしゃぜい）……………………… 55、91、177、178、179

死亡退職金（しぼうたいしょくきん）………………………… 222、223

死亡保険金（しぼうほけんきん）…………………… 175、222、223

社会保険（しゃかいほけんりょう）

…………… 22、23、32、54、58、59、60、78、79、80、103、106、107

社会保険料控除（しゃかいほけんりょうこうじょ）…………………22、23、32、59

重加算税（じゅうかさんぜい）………………… 110、111、112、113、117

修正申告（しゅうせいしんこく）……………………… 110、111、113

住宅借入金等特別控除（じゅうたくしゃくにゅうきんとうとくべつこうじょ）

…………………………………………… 15、48、51、52、59、63、94

住宅取得資金贈与の特例（じゅうたくしゅとくしきんぞうよのとくれい）

………………………………………… 191、198、199、201、202

住宅ローン控除（じゅうたくろーんこうじょ）… 15、48、49、50、51、52、94、95、160、161

収入印紙（しゅうにゅういんし）………………………… 164、166、167

247

住民税（じゅうみんぜい）
　　…　14、20、21、42、46、47、55、68、69、70、71、72、73、74、75、78、79、82、84
　　　　89、90、96、100、105、107、120、121、122、126、127、128、138、139、140、142
　　　　144、145、147、156、157、159、160、161、162、170、171、172、174、183、240
取得費加算の特例（しゅとくひかさんのとくれい） ……………………………………………… 240、241
障害者控除（しょうがいしゃこうじょ）　………………………………………………………………59
小規模企業共済（しょうきぼきぎょうきょうさい）……………………………………14、44、45、59
小規模企業共済等掛金控除（しょうきぼきぎょうきょうさいとうかけきんこうじょ）………… 44、58
小規模宅地等の特例（しょうきぼたくちとうのとくれい）
　　………………………………196、221、229、234、236、237、238、239、240
譲渡収入（じょうとしゅうにゅう）…………………………………………… 156、157、158、159
譲渡所得（じょうとしょとく）
　　…　83、120、121、122、124、125、129、130、132、140、141、144、156、157、159、
　　　　160、161、162、168、221、240、242
譲渡損失（じょうとそんしつ）……………………………………………………… 124、162、163
所得控除（しょとくこうじょ）
　　…　18、19、20、21、22、23、24、28、30、31、33、36、40、42、44、45、46、48、60
　　　　61、62、74、75、76、77、138、139
所得税（しょとくぜい）
　　…14、18、20、21、23、24、42、45、46、47、54、55、56、57、58、59、60、62、63、64
　　　　66、67、68、69、70、71、74、75、78、79、121、122、123、126、127、138、139
　　　　140、142、144、145、147、156、157、159、160、161、162、163、164、170、172
　　　　174、175、176、186、196、200、212、223、240
所得割（しょとくわり）……………………………………………………………………… 68、69
白色申告（しろいろしんこく）……………………………………………………………… 24、98
新契約（しんけいやく）…………………………………………………………30、31、32、33
申告分離（しんこくぶんり）…………………………………………………… 126、127、144
心身障害者扶養共済制度（しんしんしょうがいしゃふようきょうさいせいど）………… 44、45
税額控除（ぜいがくこうじょ）………………………………………………18、19、48、52
生前贈与（せいぜんぞうよ）……………………… 95、188、189、196、224、225、226、227
税務調査（ぜいむちょうさ）…… 16、111、113、114、115、116、117、143、210、214、215
生命保険（せいめいほけんりょう）………22、30、31、32、33、59、173、174、176、214、222
生命保険料控除（せいめいほけんりょうこうじょ）………………………………22、30、32、59
セルフメディケーション税制（せるふめでぃけーしょんぜいせい）……………………………… 40、41
総合課税（そうごうかぜい）………………………………120、121、126、127、140、142、144
相続時精算課税（そうぞくじせいさんかぜい）
　　…………………………186、188、189、190、191、226、227、228、229
相続税（そうぞくぜい）
　　…… 55、172、175、176、189、192、196、208、210、212、213、214、215、216、217
　　　　218、220、222、223、224、225、226、227、228、229、231、232、233、234、235
　　　　236、237、238、239、240、241

贈与税（ぞうよぜい）

… 50、55、172、175、176、186、187、188、189、190、191、192、196、198、199、
200、201、202、203、204、205、206、207、208、210、224、226、227

損益通算（そんえきつうさん）……………………………………………… 84、85、162、163

●た行

貸借対照表（たいしゃくたいしょうひょう）………………………………………99、101

代襲相続（だいしゅうそうぞく）………………………………………………… 230、231

退職（たいしょく）………………………… 14、63、72、73、74、75、80、83

退職金（たいしょくきん）………………… 74、75、76、77、82、138、222、223

退職所得（たいしょくしょとく）…………64、65、74、75、76、77、83、88、96、138、139

退職所得控除（たいしょくしょとくこうじょ）…………………… 74、75、77、138、139

地方税（ちほうぜい）……………………… 55、86、150、154、177、180、183、184

長期優良住宅（ちょうきゆうりょうじゅうたく）………………… 48、52、154、155

追徴税（ついちょうぜい）………………………………… 64、110、112、113

積立投資（つみたてとうし）………………………………… 132、134、135

転売（てんばい）………………………………………………… 170、171

天引き（てんびき）…………………………… 58、70、78、124

登記費用（とうきひよう）…………………………………………… 50、157

投資信託（とうししんたく）……………… 83、120、132、134、135、136、138

登録免許税（とうろくめんきょぜい）………………… 55、152、153、220

特定口座（とくていこうざ）……………… 124、125、130、136、145

特別徴収（とくべつちょうしゅう）………………………………… 70、71、72

都市計画税（としけいかくぜい）………………………………55、154、155

●な行

NISA（にーさ）………………… 14、132、133、134、135、136、137、138、139、142、143

年末調整（ねんまつちょうせい）

…………………………… 17、22、26、26、29、32、37、51、56、58、59、60、63、66、70、82

●は行

売却益（ばいきゃくえき）…………………………… 120、121、124、133、217、218

売却損（ばいきゃくぞん）…………………… 124、126、127、129、130、131、136、162

配偶者控除（はいぐうしゃこうじょ）

………………………… 24、25、26、27、28、59、191、196、229、234、235、238、239

配偶者特別控除（はいぐうしゃとくべつこうじょ）………………… 24、25、26、27、28、59

配当所得（はいとうしょとく）………………… 83、121、126、127、128、132

倍率地域（ばいりつちいき）………………………………………… 192、194

反面調査（はんめんちょうさ）………………………………………… 116、117

非課税枠（ひかぜいわく）………… 134、188、198、199、201、208、222、223、224、228

必要経費（ひつようけいひ）

…… 14、17、86、88、89、90、92、93、94、95、99、100、102、103、114、120、144
147、175

ひとり親控除（ひとりおやこうじょ）……………………………………… 42、43、59

標準報酬月額（ひょうじゅんほうしゅうげつがく）…………………………………… 78、79

副業（ふくぎょう）

　……………… 17、64、65、66、82、83、84、88、94、96、97、98、108、114、144、170

不動産取得税（ふどうさんしゅとくぜい）………………………………………55、150、151

不動産所得（ふどうさんしょとく）　…………………………………………… 83、98

扶養家族（ふようかぞく）………………………………………………43、58、59、63

扶養控除（ふようこうじょ）…………………………………………………… 28、29、59

ふるさと納税（ふるさとのうぜい）　……………………………………… 46、47、63

分離課税（ぶんりかぜい）…………………………………… 120、121、127、142

法人化（ほうじんか）………………………………………………………… 106、107

法定相続人（ほうていそうぞくにん）

　……………… 175、212、213、222、223、226、228、229、230、231、232、233

保険金（ほけんきん）…………………………… 38、83、172、173、174、175、176、222、223

●ま行

無申告加算税（むしんこくかさんぜい）……………………… 110、111、112、113

持分割合（もちぶんわりあい）………………………………………………… 204、218

●ら行

利子所得（りししょとく）……………………………………………………83、121

累進税率（るいしんぜいりつ）　………………………… 68、106、122、140

暦年課税（れきねんかぜい）……………………… 186、188、189、190、224、226

路線価（ろせんか）……………………………… 192、193、194、195、216、218

小林義崇（こばやし・よしたか）

元国税専門官・金融ライター。Y-MARK合同会社 代表、一般社団法人かぶきライフサポート 理事。2004年に東京国税局の国税専門官として採用され、以後、都内の税務署、東京国税局、東京国税不服審判所において、相続税の調査や所得税の確定申告業務に従事。2017年、フリーライターに転職し、確定申告、節税方法、税務調査など、お金にまつわる記事等を多数執筆する。著書に『すみません、金利ってなんですか?』（サンマーク出版）、『確定申告〈所得・必要経費・控除〉得なのはどっち?』（河出書房新社）などがある。

＜イラスト図解＞
絶対トクする！節税の全ワザ

2021年12月10日　第1刷発行

著者	小林義崇
発行者	櫻井秀勲
発行所	きずな出版
	東京都新宿区白銀町1-13　〒162-0816
	電話03-3260-0391　振替00160-2-633551
	http://www.kizuna-pub.jp
印刷・製本	モリモト印刷

ⓒ 2021 Yoshitaka Kobayashi, Printed in Japan
ISBN978-4-86663-156-1

好評既刊

**目指せ！資産1億円！
図解でよくわかる
たぱぞう式米国株投資**
たぱぞう 著

サラリーマンから投資で資産を億超えにした月間100万PVの人気ブロガーが、これ以上カンタンにできないくらいカンタンに「米国株投資」の始め方をレクチャー！

1500円（税込1650円）

**最速で資産1億円！
たぱぞう式
米国個別株投資**
たぱぞう 著

月間100万PVの超人気米国株ブロガーが厳選した珠玉の45銘柄を紹介！
読んだら絶対、投資したくなる銘柄が見つかる、最速で億り人になるための方法。

1500円（税込1650円）

好評既刊

3分でわかる！
お金「超」入門

加納敏彦 著

「備える」「稼ぐ」「使う」「貯める」「増やす」……
お金の情報を完全網羅。
自分に合ったお金との付き合い方が見つかる、
お手軽メソッドが盛りだくさん！

1400円（税込1540円）

好評既刊

元手ゼロから最速で月収100万円！
ネットで稼ぐ全技術

上田祐輝 著

初心者が間違いやすいポイントをやさしく解説！ 最初のビジネスモデル構築からマネタイズまで一気通貫で学べる、超初心者のためのネットビジネス入門書の決定版。

1400 円（税込 1540 円）

好評既刊

やってはいけない
お金の使い方

田口智隆 著

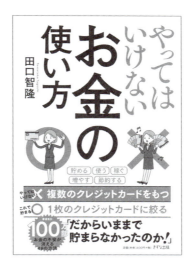

お金が貯まる人には共通の行動や思考のパターンがある！ お金の使い方・増やし方から、お金の習慣や考え方まで網羅。お金の不安が消える48の方法。

1400円（税込1540円）

好評既刊

1日1テーマ解けば差がつく
大人の教養ドリル

佐藤優 監修

現代社会では欠かせない10ジャンルの、押さえておきたい基本的知識を掲載。
ドリル形式になっているので知識がしっかり身につく、リベラルアーツの入門的一冊！

1700円（税込1870円）